ZARA 的创新革命

[西] 大卫·马汀内斯（David Martinez）著
苏蓝琪 译

ZARA:
Vision y estrategia de
AMANCIO ORTEGA

SPM
南方出版传媒
广东经济出版社

图书在版编目（CIP）数据

ZARA的创新革命／（西）大卫·马汀内斯著；苏蓝琪译.
—广州：广东经济出版社，2016.11（2018.3重印）
ISBN 978-7-5454-4722-4

Ⅰ．①Z… Ⅱ．①大… ②苏… Ⅲ．①服装工业-工业企业管理-经验-西班牙 Ⅳ．①F455.168

中国版本图书馆CIP数据核字（2016）第243295号

Zara by David Martinez ISBN：978-84-15431-36-7

版权登记号：19-2015-183

出 版 人：姚丹林　责任编辑：陈念庄　刘　倩
ZARA的创新革命　ZARA De Chuangxin Geming

出版发行	广东经济出版社（广州市环市东路水荫路11号11~12楼）
经销	全国新华书店
印刷	佛山市浩文彩色印刷有限公司 （南海狮山科技工业园A区兴旺路）
开本	889毫米×1194毫米　1/32
印张	7
字数	112 000字
版次	2016年11月第1版
印次	2018年3月第2次
印数	5 001~6000
书号	ISBN 978-7-5454-4722-4
定价	48.00元

如发现印装质量问题，影响阅读，请与承印厂联系调换。
发行部地址：广州市环市东路水荫路11号11楼
电话：（020）37601950　邮政编码：510075
邮购地址：广州市环市东路水荫路11号11楼
电话：（020）37601980　营销网址：http://www.gebook.com
广东经济出版社新浪官方微博：http://e.weibo.com/gebook
广东经济出版社常年法律顾问：何剑桥律师

谨以此书献给我的姐姐索尼娅、卡尔雷斯，我的父母安东尼奥和乔赛特以及我的侄子侄女们阿曼达、布鲁诺和提奥，感谢他们给予的耐心及过往时光……

ZARA的创新革命

目录

ZARA的创新革命

引言

ZARA，这个世界时装品牌的四个字母背后暗藏着一个男人默默不懈的奋斗，他就是阿曼西奥·奥尔特加。因有一身果敢，他于四十年前开始实施的营销理念至今仍广受诸多奉行其原则的企业管理人员和员工的认可，继续不断开花结果。为何他会有此成就？他的人生充满了各种轶事，揭示了一股热爱探索和学习的不懈进取心，即便对于小细节他也不轻易放过，所有这些经验后来被他运用于生产时装。阿曼西奥·奥尔特加本人曾这样评论自己的其中一次收获：

有一天我坐在车里，当车行驶到红绿灯处，一个骑着Vespino款摩托车的男生恰好停在我旁边，他身穿一件缝满徽章的牛仔夹克。我从他的打扮中感受到某种新奇、地道、时尚的东西，很是喜欢。于是我当即在车内拨通公司设计部主任的电话，向他描述当时所见。两周后同款夹克就入店上市，火爆畅销。我碰见过许多类似的事情。

阿曼西奥·奥尔特加还把这种观察领会能力运用到ZARA的企业体制上，不仅彰显出高效率，还同化了公司里的所有员工——从裁剪师到店长，包括服装设计师、橱窗设计师、在门店里直接服务顾客的男女售货员。凭着这股活力，阿曼西奥·奥尔特加创建了一个成就非凡的纺织集团，它像秀场上的一台永动引擎，标志着时尚界的潮流。

如果我们了解这位ZARA创始人的人生经历，就不难明白ZARA的成就不仅归功于他正确的经营手段。阿曼西奥·奥尔特加出生于莱昂省一个小镇上的普通人家里，童年随父亲在不同的省市之间频繁移居，直至最终定居拉科鲁尼亚市。正是在拉科鲁尼亚，年轻的阿曼西奥在没有经过任何大学学习或培训的情况下开始工作，先到一家衬衫店打工。或许这正是他不顾自己的高龄仍像一名普通员工一样在拉科鲁尼亚市阿尔泰修区的公司总部走廊里来回走动的原因。

然而本书并非阿曼西奥·奥尔特加的个人自传，也非经他授权的传记，更非其公司委托的编著，阿曼西奥为人素爱保持低调。撰写本书的记者仿佛把制作ZARA服饰的点滴布料拼凑起来一般，力求梳理阿曼西奥·奥尔特加在私人和职业生涯中经历过的重大事件——它们出自熟悉他、长期与他共事的人以及他在公司最亲密的合作伙伴的描述，旨在理解西班牙品牌ZARA以及Inditex纺织集团如何将快速、大众的时尚概念引入全球各主要城市。若非有他们提供论据，本书将无从问世。

阿曼西奥·奥尔特加经过打拼，创建了ZARA品牌，它后来成为部分企业家、设计专业学生、商院教授的研究对象，掳获了成千上万个ZARA粉丝的忠心，这些粉丝每周都在世上最迷人的城市、最热门的商场里搜索最新款的ZARA服饰。

作为一家西班牙公司，ZARA每年均有新店开张，年年创造新的就业岗位，在众多产业部门经历经济危机和业务减缓的局势中依旧累积盈利，顺利挺过了导致数十家企业倒闭的西班牙纺织业的艰难转型。此外，ZARA还同阿曼西奥·奥尔特加在三十年前成立的Inditex时装集团旗下的其他七个服饰品牌处于直接竞争状态。

要理解ZARA，就必须走进其门店，观察其内部如何运营、组织一切；必须屏蔽掉都市噪声，来体会服饰是如何被展示的、店长是如何兴趣盎然地探索顾客需求的，须知道吸收有用信息将有助于创造时尚潮流。从纽约到迪拜、巴塞罗那、伦敦、马德里……直到巴黎的所有ZARA门店都有一个共同点：在最短的时间内发现并满足顾客的需求。而门店恰恰直接联系着顾客需求，年纪尚轻的奥尔特加在刚从事纺织业时就已领悟到了这点。

即便如此，他本可以在三十年前就选择偃旗息鼓，当时ZARA带来的收入已足够他安逸地生活，不必在每天早起时挂虑账户里的存款。然而，奥尔特加并不是甘心窝在加利西亚的老宅或拉科鲁尼亚海滨大道三层海景豪宅里的那种人，他亦不热衷于购置豪华游艇。据熟悉他的人说，这也许归结于他是公司发展的主导者和见证人、曾独自一人克服过诸多重大难题的事实。因此，若有人撞见奥尔特加先生（他的合作伙伴对他的称呼）正手持碎布料同设计师商讨未来的服饰，也不足为奇。

彰显奥尔特加身份的主要是Inditex纺织集团下位于82个市场的5527家门店和约11万名员工。除ZARA之外，该集团还拥有其他品牌：Pull & Bear、Massimo Dutti、Bershka、Stradivarius、Oysho、ZARA HOME和Uterqüe。此外，它旗下还汇集了近百家服装设计、制造和配送公司。

基于创新和灵活性的独特运营系统、用创造力和高品质设计诠释时尚的方式以及对市场需求的快速反应使Inditex集团在国际上迅速扩张。

Inditex集团于2001年5月23日正式上市，其股份在公开发行后引起全球投资者的强烈兴趣，股份需求量是实际发行量的26倍多。

2008年6月有媒体做出如下报道："Inditex集团增长惊人。就在四年前，当时独占服装业鳌头的美国GAP的销售额是西班牙Inditex的两倍。此外Inditex还落后于瑞典H&M，位居世界第三。但到了2005年，Inditex已一跃成为欧洲首位，近几年发展势头强劲，而与此同时GAP却停滞不前。"

Inditex的股票在十年内涨幅超过200%，在主要的西班牙股票市场和国际股票市场均有上市。2011年，Inditex集团的综合营业额高达137.93亿欧元，净利润为19.32亿欧元。

Inditex集团2012年第一个财政季度的净利润为4.32亿欧元，同比增长30%。同时在资本化方面，它成功取代了Telefónica等市场领先者，市值高达430亿欧元，这意味着它已超越诸多银行、建筑公司和工业公司，一跃成为西班牙市场中规模最大的公司。此外，它在同年资本化排行榜中位居首位，取代了前一年占领该位置的信息业巨头微软公司。

阿曼西奥·奥尔特加取得这些成果后，加强了在西班牙的投资，把扩大阿尔泰修总部作为主要目标。相关专家对其公司在盈利和销售方面一直超越最乐观估计感到不可思议，尤其是考虑到经济危机正重创欧元区这个事实。

然而，还有另一个同样令人惊奇的问题仍有待我们澄清：阿曼西奥·奥尔特加如何在从未接受大学教育、从未支付昂贵的财务工程或财务管理硕士课程学费的情况下创立、壮大了一家公司并在成功之巅保持屹立不倒？

要解开这个谜团，我们需追溯到20世纪40年代末期，那时还只是一名孩童的阿曼西奥·奥尔特加挨了生活扇来的一巴掌：有一天他陪母亲去一家时常光顾的食品店，却在那里被告知他们不能再赊更多账了。奥尔特加身边的某些人说这件事促就了他勤奋、好胜、雄心勃勃的性格，使他醒悟到自己有必要谋一份能避免重蹈父母贫困覆辙的工作。

不久之后，年轻的阿曼西奥·奥尔特加辍学了，在未能如愿去Renfe[①]当学徒以后，他去了一家衬衫店当售货员，打定的主意只有一个："我想要工作，我已经做好准备遵照您的一切指示干活，不论工作需要花多少小时我都会做下去。"

之后，奥尔特加迎来了职业生涯的首次飞跃，他跳去一家高级制衣店，在那里学会如何同顾客打交道，如何区别不同的布料，如何根据高级顾客的需求生产成品衬衫。随后，他实现了事业上的终极转折：联合自家兄弟创立了第一家个体公司，生产夹棉睡衣。

作为纺织帝国栋梁支柱ZARA的前身，该公司并非横空

① Renfe是西班牙国家铁路网的西文全称Red Nacional de los Ferrocarriles Españoles的缩写。

出世。从对服装业“一见钟情”到创立自己的公司，这之间足有十年的间隔，一切都靠奥尔特加辛苦打拼而来。

十年后，该公司拥有500名员工，自主供应、配送商品，此外公司还雇用了一支设计队伍。万事俱备，只欠最后朝龙门一跃：进军零售业。

自阿曼西奥·奥尔特加在20世纪70年代注册了ZARA这个商标起，有关他的个人传记便始终与ZARA这个词形影相随。后来ZARA成为一个响当当的市场营销招牌，随着时间推移吸引了全球数以百万计的顾客。1979年，奥尔特加将他麾下的所有公司汇集到Inditex的旗帜下，从此Inditex集团的业务一直蒸蒸日上。

如果有人有幸见识阿曼西奥·奥尔特加是怎样安排工作日的，只要观察他的区区几个表情或动作就会明白他是个醉心工作之人。他参与员工的意见交流，时常和员工在Inditex阿尔泰修总部的食堂里共同进餐——尽管他的总裁办公室里配有一个私人餐厅，但他不常使用那个办公室，而是继续在女装设计部中央的塑料贴面桌上工作，那里是Inditex畅销全球的服装的诞生地。

阿曼西奥·奥尔特加的一些合作伙伴们说，近十年，他从未休过一个月完整的假，甚至连两周的假也没休过，他的努力没有白费——他获得了“工作成就金质勋章[①]”。他也不喜欢炫富，也许他最奢侈的一次就是购买了一架飞机，以便于视察Inditex集团遍布全球的5000多家门店。

奥尔特加有一支豪华的奔驰车队，负责在圣地亚哥或拉科鲁尼亚的机场接送各公司的高管、客户、供应商、记者和所有其他造访本公司加利西亚总部的客人，车队由马努埃尔先生管理，他是为奥尔特加服务了二十年的老司机，负责开中短途。

阿曼西奥·奥尔特加的朴素作风还体现在他系领带的场合屈指可数（仅在他女儿的婚礼上和会晤西班牙国王胡安·卡洛斯时），他不爱系领带。2001年Inditex在股票上市之际公布的官方照片标志着阿曼西奥·奥尔特加首次走入公众视线，照片里作为公司主角的他同样没有系领带，只简单地在水军蓝的美式西装里套了件白衬衫。

---

① “工作成就勋章”是西班牙政府向民间杰出的个人、团体、机构或公司颁发的荣誉奖章，分金、银、铜三级。

他的日常穿着也很简单：长袖衬衫加抓褶裤，或Dockers[①]的周末运动款，冬天时套一件美式休闲西装，出席工作会议时则套一件经典美式西装。

令奥尔特加难以抵挡的诱惑包括拥有一匹赛马（他的小女儿很喜欢赛马运动）和在加利西亚的安赛斯教区购买一栋占地42000平方米的传统住宅。在必要时他会向生养他的家乡伸出援手："威望号"游轮事故[②]发生后，其公司向红十字会捐出10亿比塞塔[③]用于帮助受难者。据拉科鲁尼亚的记者报道，从几年前起他就没再同社区的朋友们踢足球了，尽管他是拉科鲁尼亚竞技俱乐部的忠实粉丝，却不是里亚索尔体育馆[④]看台的常客。

2011年，阿曼西奥·奥尔特加通过一封信向全体员工宣布自己辞去Inditex集团总裁一职，指定由之前取代了何

---

① 美国休闲服饰品牌。

② 2002年11月13日，"威望号"石油游轮装着77 000吨沉重的石油燃料，在离开西班牙加利西亚时遇到了暴风雨，游轮分成两半并释放出了2000万加仑的石油到海中。

③ 比塞塔是西班牙及安道尔在2002年欧元流通前所使用的法定货币。

④ 里亚索尔体育馆是拉科鲁尼亚市内的一个大型综合体育馆。

塞·玛利亚·卡斯特亚诺之位的帕布罗·伊斯拉来接替他。多年以来，何塞·玛利亚·卡斯特亚诺作为阿曼西奥·奥尔特加选中的管理者，一直参与这个“服装王国”的建设和公司上市的筹备。

奥尔特加虽已离职，却依旧屹立于世界时尚旗舰的前线，保持个人经营哲学不变：团体协作，不轻易被成功和乐观成果冲昏头，敢于提要求，用群体决策促进新想法的诞生，向做法不同的人学习——这点尤其重要，新门店的不断开张继续赢得全世界的瞩目。

我们无疑可以从本书中发现阿曼西奥·奥尔特加制定某些商业目标的起因，但是我们也不应忘记他对琐碎细节的专注和辛苦奋斗对商业成功的实现同样是不可或缺的。

这一切吸引了成千上万人关注ZARA，使ZARA成为行业龙头，它的白色招牌和象征潮流的舒适衣服紧密联系，在每个门店欢迎我们的光临。创意可能在任何地方诞生，但必须得有人将它们转化为某种独一无二的东西。

ZARA犹如一座巨舰，而本书则旨在深入揭示阿曼西奥·奥尔特加建造、驾驶它的要诀。

1

ZARA的创新革命

奥尔特加·高纳：卑微之家

阿曼西奥·奥尔特加于1936年3月28日在西班牙莱昂省[①]帕哈雷斯港南边的自治区布斯东格·德·阿尔巴斯出生——与秘鲁作家、诺贝尔文学奖得主马里奥·巴尔加斯·略萨的生日同天，即西班牙内战爆发约四个月以前。他的父亲阿曼西奥·奥尔特加·罗德里格斯和母亲何塞法·高纳·埃尔南德斯是巴亚多利省的本土居民。

由于阿曼西奥·奥尔特加一直成长生活于拉科鲁尼亚这座加利西亚城市，人们以为他是土生土长的加利西亚人，但他在莱昂地区出生的事实使这个流行说法不成立。

1935年西班牙共和国时期，他的父亲阿曼西奥·奥尔特

① 莱昂省是隶属西班牙卡斯蒂利亚-莱昂自治区的其中一个省份。

加·罗德里格斯被分配到布斯东格·德·阿尔巴斯建造铁路信号控制系统，这是一项艰苦的工作，需要在铁路上、道岔之间劳动。布斯东格是更换蒸汽机火车头的地方，完成这项工作，火车头才勉强有足够的动力把火车拉上坡驶往帕哈雷斯港口。如今在布斯东格·德·阿尔巴斯，那个时期的房子已罕有存留，但人们仍然能感受到这个莱昂小镇和铁路的不解之缘。

布斯东格火车站于1872年5月23日开始运营，恰逢拉波拉·德·格尔东—布斯东格·德·阿尔巴斯段铁路线通车，它是（于1862年成立的）西班牙西北铁路公司经营路线的组成部分，作用是连接莱昂区和阿斯图里亚斯区。正当国家催促西北铁路公司早日完成铁道项目时，该公司却在试图同MZOV[①]合并失败后于1878年宣告破产，布斯东格火车站正是在当时被转让给阿斯图里亚斯、加利西亚和莱昂铁路公司管理的，该公司的成立初衷是为西北铁路公司完成在建项目

① MZOV是麦迪纳·德尔·坎普至萨莫拉和奥伦塞至维戈铁路公司的西文全称Compañia de los Ferrocarriles de Medinadel Campoa Zamorayde Ourensea Vigo的缩写。

和管理铁道线路。

阿斯图里亚斯、加利西亚和莱昂铁路公司在19世纪末遇到财政问题，在20世纪20年代被西班牙铁路公司取代。当西班牙铁路公司需要更多工人时，便从附近其他省份雇用年轻的劳动力，阿曼西奥·奥尔特加的父亲就是这样来到布斯东格的。

在布斯东格修建的国道N-630和铁路同矿业和密集畜牧业一起极大地推动了当地的发展后，当地居民人口总数也随之由1900年的312人增长至1950年的777人。如今，曾见证这位ZARA创始人出生的当地居民还剩下不到150人。

恶劣的天气和工作条件以及内战的爆发促使阿曼西奥·奥尔特加·罗格里格斯申请调去另一个新的工作地点——托洛萨[1]。在那里，他们全家参加了弗朗哥主持的圣地亚哥·德孔波斯特拉—拉科鲁尼亚段铁路的落成仪式，当时小阿曼西奥才刚刚七岁。1944年在托洛萨，老阿曼西奥·奥尔特加决定申请去维护需要更多人手的新线路。

① 托洛萨是西班牙北部巴斯克自治区的一个城镇。

举家定居拉科鲁尼亚

到拉科鲁尼亚以后，奥尔特加·高纳一家落户于西班牙国铁员工宿舍区的7号小房，距离拉科鲁尼亚——圣克里斯多瓦火车站很近。他们的一些老邻居们很肯定“阿曼西奥·奥尔特加的父亲为人十分保守，满脑子一直想的不外乎工作、干满工时以及把钱交给老婆”。

小阿曼西奥·奥尔特加的母亲把全身心放在照顾孩子和家庭上，她和所有人熟络，“总是和菜市场上的其他女人们交流意见”，奥尔特加一家的女邻居何塞法·阿尔维德罗·罗德里格斯如是回答《阿曼西奥·奥尔特加：白手起家创ZARA》一书的合著者夏别·R.布兰科和赫苏斯·萨尔加多的提问。

当小阿曼西奥不得不肩负起家庭责任时，父亲工作环境之艰苦程度成为一个教育范本，令他意识到自己所处的五口之家所面临的困境——全家都靠一个铁路工人的最低工资来养活。他明白只有靠自己的努力奋斗才可能出人头地。在《阿曼西奥·奥尔特加是这样一个人》一书中，阿曼西奥本人向科瓦东加·欧申解释道："我父亲的月薪只有300比塞塔，不够养活全家人。我们兄妹一共三人，安东尼奥是老大，小佩帕是唯一的女儿，我是幺儿，那点钱撑不到月底就被花光了。"

其中最有资格详述奥尔特加·高纳一家初到加利西亚后如何适应当地生活的人非马努埃尔·纳瓦罗·加尔西亚莫属，他是当时拉科鲁尼亚火车站站长的儿子。他的话有助于理解阿曼西奥·奥尔特加在儿时的个性，夏别·R.布兰科和赫苏斯·萨尔加多把他的话收录进《阿曼西奥·奥尔特加：白手起家创ZARA》一书里：

我的年纪比阿曼西奥大，经常同他的哥哥安东尼奥一起在田地和城镇里骑自行车玩耍，但在我印象中并没有小阿曼西奥在街上玩球或骑车游乐的记忆。小阿曼西奥身上有一点总是吸引我的注意，相对他那个年纪的孩子而言，他是个非常认真的人。我时常看见他路过圣克里斯多瓦广场，胳膊下夹着一叠书，模样很开心。他总是和人们打招呼，你会轻易发现他这人有很强的责任感。这就是我关于他的回忆。

科瓦东加·欧申在其著作中透露，有一回，12岁的阿曼西奥陪母亲去买东西，经历了一个对他以后人生产生最大影响的事件：

一天下午放学后，我和母亲一起去一个商店购买食品。因为我是家里最小的孩子，母亲喜欢来学校接我回家。许多时候，我会陪她一起散个步，顺道买些东西。那回我们走进了一家食品商店，在那个时代的商店里柜子通常很高，我看不见是谁在和我母亲说话，然而我却听见了某句令我终身难忘的话：“何塞法女士，很抱歉，您不能再赊欠更多钱了。”那句话狠狠打击了我，当时我才刚满十二岁。

和母亲共同生活的经历对奥尔特加产生了特殊影响，他始终把母亲视为人生的主心骨。在《阿曼西奥·奥尔特加是这样一个人》一书里，他是这么向科瓦东加·欧申定义他同母亲之间的关系的：

我所拥有的最好的东西是关怀，之所以这么说是因为我拥有母亲和爷爷安东尼奥的关怀。我母亲不是个一般人，所有人都格外喜欢她！而我是家里最小的孩子，她不仅爱我，待我更尤为特别。因为有她，我没有一点不好的童年回忆，她使我感到幸福。母亲是一个家庭的核心。当你失去母亲时，不论你多老，都会有种破灭感。我母亲在六年前去世，如今的我可算事业有成，她却是我最思念的人。母亲就是那个会对你所做之事给了最大、最应有重视的人，母亲是永垂不朽的！

也许正是童年时期所受的关爱造就了阿曼西奥·奥尔特加的为人，这不仅体现在他的人际关系上，同时也体现在他在职业生涯里同员工的关系上。他本人也对此表示认同："我当年是白手起家的，如果要获得别人的尊敬，就应该继续在生活中保持谦恭的态度。"

奥尔特加·高纳一家的艰难处境令年幼的阿曼西奥深受震动，他向父亲和兄妹许诺一定会在今后的人生中尽其所能，令一家人永远不必再乞求赊账，令餐桌上永远都有饭菜。

阿曼西奥的第一份工作

尽管西班牙内战明显对加利西亚经济不利，譬如劳动力被过分剥削，劳工家庭占多数的当地居民承受着压迫和苦难，但它同时也意味着一次商机。

加利西亚历史学家路易斯·阿隆索·阿尔瓦雷斯于《加利西亚经济1750年至2010年概述》一文中指出，加利西亚区自内战伊始就归属弗朗哥一派，当地生鲜食品（肉、蛋、土豆等）和罐头食品的生产和营销因此获益——罐头是弗朗哥士兵口粮的其中一部分，这些食品通过海运和铁运流入西班牙市场，甚至在“二战”爆发在即时被出口销往德国。此外，在维戈和拉科鲁尼亚的公司数量激增，其中批发业和零售业以及工业和矿业的增长尤为显著，尽管与此同时也出现了许多个体创业者。

因此，即便阿曼西奥·奥尔特加成长于世界大战后的艰苦年代，但加利西亚相较于西班牙其他地区仍有显著的发展。尽管奥尔特加的父亲工作艰苦，薪酬微薄，但是那至少也算是一份固定可靠的工作。

从20世纪30年代末至40年代末，弗朗哥独裁之下的政治体制和定量配给制度对奥尔特加和数千名与他同龄的孩子的生活打下了烙印，他们在艰难和贫苦中成长。

自1940年起，加利西亚的工业因收入和利润整体下跌而严重受损。与此同时，从19世纪初起，加利西亚的企业——私企和合资企业，发生了颠覆传统的变化。

一向自给自足的加利西亚经济里出现了船舶制造业、铁路运输业和电力公司收入疲软，以及罐头企业、农牧业及林业支出巨大的现象。

1948年，年方十一的阿曼西奥·奥尔特加决定辍学，这完全是他的个人决定，父母并无干涉。然而——他后来解释说，他当时并不清楚自己该干什么。作为一个用功好学的青少年，小阿曼西奥很可能对自己走出的那关键一步有种受挫感。

令人称奇的是他虽然年纪轻轻却有许多想法，并不像其他大部分同龄孩子一样在广场上踢球、乱跑或骑自行车。对此，在《阿曼西奥·奥尔特加是这样一个人》一书中，阿曼西奥·奥尔特加本人对科瓦东加·欧申是这么解释的：

从小就有某种更深层次的东西驱使着我早早出来干活。不是因为钱，尽管金钱无疑是生活的必需品，我逐渐发现了其他促使我不知疲惫地工作的原因，它们全是合理的。小时候我感到备受蔑视。在九岁、十岁、十一岁的时候我变得很敏感，但同时又十分骄傲。

一些熟悉阿曼西奥的人说他曾试图在他父亲工作的铁路部门谋职，但没有获得西班牙国铁路驻拉科鲁尼亚站点领导的许可。另外一些人则认为他甚至在同西班牙国铁的一个领导面谈时迟到，因此只好继续在城里觅活儿。

不论如何，阿曼西奥希望能找到一份令父母引以为豪的工作。可以说他如着魔般地想用一份能令他今后活得有尊严的工作来尽早报答父母做出的牺牲。他摸索着，日日苦寻工作，不知疲倦地奔走在拉科鲁尼亚市中心的街道上，并坚持要其母亲向左邻右里打探是否知道有人需要雇用一个男孩在集市上采购或卖东西。那时他一点也没想到要去当纺织学徒，因为他的家人和亲朋好友中没有任何人从事纺织生产或裁缝。

但是不到六个月的时间，阿曼西奥·奥尔特加已在加拉衬衫店谋到了工作——如果那活儿也配称之为“工作”，就是给店长打下手，但他那时尚未成年，其实属于非法劳工。加拉衬衫店至今仍然存在，位于拉科鲁尼亚加利西亚广场上同胡安·弗洛雷斯路相接的角落。

店长看中他对工作的渴望和可利用性，所以以按劳付酬为附加条件接纳了他。

在加拉衬衫店工作是阿曼西奥·奥尔特加和纺织产业的第一次接触，在那之前他从不对衬衫、裤子或自己身上穿的衣服感兴趣，他自己都预料不到衬衫店的工作把他领入了一个新的世界，他在学习制衣和销售服装的过程中积攒了丰富的经验。

从那时起，一个主意在阿曼西奥·奥尔特加心中渐渐成形，他认为自己的未来属于时装界，尽管同时他也很清楚自己不可能不劳而获，必须日复一日不懈地奋斗。换了新工作后的头两年里，他也恰恰是如此身体力行的：像一个学徒那样去了解一个行业，直到将它摸个透彻。

阿曼西奥·奥尔特加在《阿曼西奥·奥尔特加是这样一

个人》中对科瓦东加·欧申说明了什么是鞭策他工作的动力和工作给他带来了哪些收获：

我从一开始对工作就一直是全力以赴，精益求精。我从不自满，并总是试图把同样的理念传递给我身边的所有人。如果你想干成某件大事，自满是最不可取的，人要一直保持上进心，坚持自我批评。

加拉衬衫店店主的儿子何塞·马丁内斯·巴雷拉在14岁时目睹了阿曼西奥第一次到店工作。“和那个年代刚到商店打工的人一样，他开始负责递纺织品和衣服给顾客，清洗橱窗，运包裹和打理柜台。”（夏别·R.布兰科和赫苏斯·萨尔加多的《阿曼西奥·奥尔特加：白手起家创ZARA》）

八十年前曾光顾过加拉衬衫店的顾客解释说，这家衬衫店主营来单定制衬衫、柔棉T恤、某款帽子以及所有按尺寸制作的衣服。由于是按需出售，所以店里总是保存最少库存。

拉科鲁尼亚人里卡多·古铁雷斯是一个律师的儿子，作为曾在加拉衬衫店买过衬衫的人，他不无怀旧地评论道：

很明显，衬衫店的顾客是拉科鲁尼亚当地亲近政权的成功人士或公职人员，在这座面朝大海的城市，每当下午或周末不下雨的时候，他们就带着妻子到里亚索尔广场上散步，任大西洋的清风吹拂，任大力士塔[①]注目。

那些熟悉加拉衬衫店的人破除了它曾为弗朗哥量体裁衣的谣言，然而他们确认它曾为菲诺萨伯爵量身制作过衬衫——在那个年代菲诺萨伯爵拥有加利西亚最大的电力公司和西班牙最大的发电供电厂，当时的阿曼西奥·奥尔特加是店里的送货员、清洁工兼打杂小伙子，骑着一辆奥尔贝阿牌自行车送货（参照夏别·R.布兰科和赫苏斯·萨尔加多的《阿曼西奥·奥尔特加：白手起家创ZARA》）。

和诸多白手起家逐步创业的男男女女一样，奥尔特加对自己的第一份工作记忆犹新，它犹如一扇门引领他通往未知的生意领域，不知不觉地成为他登上西班牙和世界纺织业舞台的第一个台阶。

① 又名赫尔克里斯之塔，是位于拉科鲁尼亚的灯塔建筑。

奥尔特加（在《阿曼西奥·奥尔特加是这样一个人》中）对科瓦东加·欧申解释了自己在衬衫店里干的活儿：

我当时是个打杂的小伙儿，要为店里的所有人、所有事情服务，要打扫店铺，送货，或者在情况紧急时帮站柜台。有人注意到我打从进店以来就一直严肃、负责任地工作，便把我推荐给老板。我一直很喜欢自己的工作，总是积极地学习。

玛利亚女士熟悉那家衬衫店的运营情况，她仍记得当年阿曼西奥·奥尔特加对店里的一切都很感兴趣：

不管有什么活儿他都主动去干。比起其他那些成天骑自行车或步行去给顾客送衬衫、帽子、各种衣服的跑腿小伙子，阿曼西奥的不同之处在于你总是得提醒他商店到晚上七点半关门，而他已经从早上八点半工作到现在，是时候下班回家了。令我惊讶的是他总是保持待命状态，总想多干一些活，总想了解如何为顾客生产衬衫以及做出来的衬衫是卖给谁的。当时大部分衬衫上绣有顾客名字的首字母，方便我们知道是卖给谁的。

20世纪50年代末60年代初，加拉衬衫店主要为具有一定购买力的拉科鲁尼亚顾客定制衣服，其中包括律师、公证员、军人、警察、企业家、市政官员等，甚至连教会的成员也去那里买衬衫。

阿曼西奥通过送货工作渐渐和顾客熟悉了，在那家经营服装定制、满足客户实际需求的衬衫店里掌握了所能学到的一切。

客户是有需求的人群，商店和橱窗的作用则是吸引需要置衣打扮的路人。

尽管当时阿曼西奥还是个孩子，但因为他总是兴致勃勃，店里的负责人和其他员工常常会对他解释如何运作业务。随着对那家拉科鲁尼亚小衬衫店业务认识的逐步加深，他发觉在厂家和商店之间完成定制衣服的流程意味着不必要的成本上涨。归根到底，零售商店把商品直接卖给衣服消费者是整条销售链的最后一环。

古斯塔沃·费尔南德斯·巴尔布艾纳是马德里理工大学工业工程师高级技术学院的高级工业工程师兼多个机构的战略分析顾问，曾研究ZARA在加利西亚以及全球的纺织贸易发展情况，他认为阿曼西奥的第一次从业经历具有决定性意义：

在我看来，他应感到庆幸的其中一件事是他的职业生涯是从拉科鲁尼亚的一家优雅的衬衫定制店——加拉衬衫店起步的，那里是他成功的关键之一，更或许是最重要的一点。一家衬衫定制店是如何运作的？卖衬衫的人在店里存储、展示各色花样的衬衫布料，由顾客来到店里选取布料和决定细节——如袖口和领口怎么做，胸口是否要缝口袋或绣上买家名字的首字母等，然后他为顾客量身并询问："先生您何时来取衬衫？或许您希望我们明天把货送去家里？"待顾客离开后，他便裁下布料送去给雇用的衬衫裁缝缝制衬衫。第二天，做好的衬衫被送回店里接受检查、打包，而后派送给顾客。

阿曼西奥·奥尔特加观察了如何制作、销售衬衫，开始领悟到ZARA业务未来的根基所在：零库存为顾客生产衬衫，直接处理顾客需要的订单。成立ZARA之际他就明确知道该如何避开当时时尚贸易所陷入的困境：只要效仿任意衬衫定制店的经营方法就够了，不过得把规模搞得更大，就是这么简单。

阿曼西奥·奥尔特加在加拉衬衫店工作了三年。满十七岁后，他离开衬衫店展开一段新的职业旅程。他出落成一个优秀青年，在奋斗、责任心和决心中成长着，在加拉衬衫店度过的那些年令他充分体验了一种工作方式，向他揭示了联络顾客的最关键秘密——对顾客按需供货，顾客则会心甘情愿为自己想要的东西埋单。

跳槽拉马哈

在加拉衬衫店当学徒时积攒的经验引导着阿曼西奥·奥尔特加进入一个新的人生阶段。要学习有关服饰经营的行业知识的念头已在他脑海里开始成熟，但他还是接受了哥哥安东尼奥的建议，换了一个工作地点。20世纪五六十年代是阿曼西奥·奥尔特加创业想法的萌芽期。

年轻的阿曼西奥进了拉科鲁尼亚一家十分有名的服饰制

作、仓储和销售企业，其交易量和门店规模也比加拉衬衫店更大，它就是拉马哈。

他心中早已打定主意：要好好发挥在加拉衬衫店所学到的知识，并通过从事大型制衣贸易的经验来丰富这些知识。这份工作还有另外一个吸引他的原因：他的妹妹小佩塔和哥哥安东尼奥也都在这家店工作。

那时，阿曼西奥·奥尔特加开始考虑要经营自己的纺织品生意，选址要在一个既不乏有钱的顾客又具备开始追求在家在外都穿得舒服自然的职业女性的城市。

他不再满足于在衬衫店打工和骑车穿梭于拉科鲁尼亚的大街为顾客配送衬衫。他满怀雄心壮志地要达成新目标，相信自己能够凭借努力拼搏闯出更广阔的一片天地。他向四周一切敞开了胸怀。工作干劲令他化作一块“海绵”，在生活中时刻准备吸收东西，见证社会上的千变万化，同时也成为变化中的一分子。他在青年时期认识了一大拨人，这些人向他灌输了穿着打扮的重要性——因为它体现了一个人的个性和社会地位。

尽管阿曼西奥还是个年轻人，但思想已足够成熟，他认为工作是一个源源不绝的知识源泉，并把这一点奉为圭臬，从不放弃。

一个熟悉他，和他在制衣业共事了三十多年的加利西亚企业家表示，阿曼西奥富有责任心，是一个奋斗者，始终保持勤奋和好奇心，“一直想要不断学习”。他还补充道：“他锲而不舍的学习能力没有白费，恰恰相反，他靠这种态度奠定了ZARA的根基。”

的确如此，阿曼西奥·奥尔特加青年时期经历的一切都是有意义的。过往经历的点点滴滴从20世纪50年代中、60年代初开始汇集成一个知识线球，供他抽丝剥茧，营造纺织大业。

此外阿曼西奥·奥尔特加还能把认识、观察和吸收所学知识的这类品质传递给ZARA旗下的每名员工、店长、缝纫师、橱窗设计师和制衣人。

ZARA品牌的持有集团——Inditex集团的传播主管赫苏斯·埃切巴里亚对此评论说：

在公司里，奥尔特加先生总是在提问，倾听关于即将进驻

ZARA店橱窗的新款服饰或流行趋势的建议，或了解马德里、巴黎、伦敦、纽约的顾客有什么品味偏好。他是个异常好奇又要求严格的人，还具有强烈的学习欲望。

让我们回溯至20世纪50年代末去一探究竟。阿曼西奥的工作单位拉马哈以产品的多样化和高品质而闻名，它为加利西亚的尊贵顾客和资产阶级家庭供应服饰，但同时也服务于新生的中产阶级，这些中产阶级历经多年工作，挺过了战争和战后的艰难时期，刚刚开始重视穿着打扮。

拉马哈是连锁企业，其门店分布在城市里人流量大的地点。在那儿工作的四年里，奥尔特加的双眼并没有忽略拉马哈的选址战略，他开始领悟到日后组建ZARA的另一关键内容：应该把门店设在宽广大道或商业区等这类人流量巨大的繁华地段，以刺激最大量的顾客进店欣赏、触摸衣服。

GOA和夹棉睡衣

奥尔特加在商店里当售货员时，妇女在社会里的经济能力还十分有限。20世纪50年代末60年代初，妇女是时尚潮流的决定性因素，她们有了新的审美要求和喜好，参照巴黎或米兰的时装T台样本在西班牙本土寻找款式相似的外衣和衬衫。

加利西亚妇女主要集中在罐头生产业和其他工业领域工作，工作后她们的经济独立性极大地推动了纺织品消费量的增长，因为她们是纺织品的主要需求者。

60年代有两种现象并存于加利西亚，一方面是经济的增长，另一方面是不同社会阶层在结构组织上的巨变，由此造成该地区同西班牙其他地方类似的一系列变化，但是在加利西亚这些变化具有不同的速度和规模。

同经济增长挂钩的这些变化仅余下一点是相对重要的——有助于战后收复失地，农村人口开始移居到城市。加利西亚人离开村庄，移到城市或市郊生活，不再从事农作，转而投身于工业和服务业，直至最后放弃私营生意，化身为工薪阶层。

随着《稳定计划》的实施，弗朗哥政权部分修正了闭关自守政策，西班牙经济在60年代随之好转，具备了把握外部市场有利条件的能力，这些有利条件在之前四五十年代时受限于政治隔离和强行干预手段而无法发挥作用。

加利西亚在60年代开始重整罐头生产业，生产力恢复到内战前的水平——此前该产业作为工业化进程中的先锋，遭到闭关自守政策的沉重打击。产业结构调整被一些不利因素推动，如当时出现了尚不为人知的赤潮影响了贻贝养殖等。

产业重组促使一批公司（占80%）倒闭清算，只剩最坚挺或规模最大的公司得以幸存，从而引发了供应（传统的鲱科鱼类被鲔鱼和贝类所替代）、劳动组织（季节性被取消）、技术（生产过程高度机械化）、最终产品销售（创立新的分销网络，使用广告）等方面的深刻改变，使加利西亚和西班牙（同挪威、法国、葡萄牙一起）在欧洲罐头外销国中位于前列，拉科鲁尼亚大学的教授路易斯·阿隆索·阿尔巴雷斯对此予以了证实。

妇女加入劳动市场，成为当时社会、经济状况的又一决定性因素。工作日里，她们不再居家照顾家人，她们热爱工作，对时尚也随之愈发感兴趣，时尚通过广播或为数不多的电视节目渐渐走近妇女，而拉马哈门店制作的衣服也反映了当时的时尚：家居服、贴身内衣、更加修身的裤子、针对职场妇女设计的女士罩衫和衬衣，这些职业妇女们由于获得交际性更强、需面对公众的工作而开始需要更多衣服用于每天更换。

阿曼西奥在这样的社会环境中倾听、学习，像专业人员一样锻炼自己，观察顾客直接在店里提出的需求。他已经懂得如何分配、部署纺织工作，并得出了结论：中间商越少，利润空间越大，越利于迎合顾客品味——简而言之，就是你要清楚客户需要什么和自己可以为他们提供什么。

在做衬衫派送员工作的三年里，阿曼西奥弄清了通常有哪些人委托定制这些衬衫，选用了什么布料，衬衫的精确尺码，顾客在哪儿生活，他们在不同场合偏好什么形状的领口或怎样的白色调配色方案，这些信息是衬衫店制作衣服时需要知道的，必须被传达到位。然而，阿曼西奥向前迈出一步的时刻到了。

阿曼西奥在当时在拉马哈工作的哥哥安东尼奥和妹妹小佩塔的循循善诱下，开始领悟到连锁销售的奥妙，这家店是拉科鲁尼亚主要服饰营销网络中的一员。

拉马哈和当时最著名的服饰营销连锁店——如长袜荣光[①]或拉科鲁尼亚玛利亚皮塔画廊[②]等处于竞争状态。而阿曼西奥之前在一家家族经营的衬衫店工作，负责卖服装、帽子和裤子，并见识了人生中的一件新奇事：服饰的直接制作。

在那个年代就认识阿曼西奥的人认为拉马哈使阿曼西奥拓展了服饰制作和营销方面的知识，那使他意识到：想要在时装界存活，就应该仅限于销售创造潮流的产品，令尽可能多的公众接受产品。拉马哈的顾客喜欢制作精良的衣服。

在拉马哈，阿曼西奥·奥尔特加遇到了启发他日后创建第一家ZARA店的所有人，那是现今这个纺织王国成立的前奏。奥尔特加接触了激励他学以致用的人们，从他的兄妹到

① Gloria de las Medias
② Galerías María Pita de A Coruña

他的合作伙伴——纺织企业家何塞·安东尼奥·卡拉梅洛。

拉马哈在城里的生意兴隆，有三个面向公众的门店和一个仓库，销售来自加泰罗尼亚的多种商品，由卡斯特罗·奎塔斯一家经营。阿曼西奥·奥尔特加的哥哥安东尼奥常在众多员工面前受到拉马哈老板们的格外称赞，他以外向而温和的性格折服了卡斯特罗夫妇，从而成了一名推销员。

阿曼西奥·奥尔特加在店里也步步高升，从打杂人员升为一名售货员，并认识了一个刚入店的十六岁的年轻女学徒，她名叫罗萨莉亚·梅拉，短短几年后便成为阿曼西奥的妻子。

而后，阿曼西奥的事业实现了腾飞，正如科瓦东加·欧申在《阿曼西奥·奥尔特加是这样一个人》中解释的：

> 拉马哈的老板对奥尔特加家小儿子提出的建议给予很大重视，他建议他们采用店里卖的布料和安东尼奥的裁缝妻子普利米蒂瓦来制作衣服。实际结果是可喜的，然而这时的阿曼西奥不打算再把个人创意白白送人，他辞去了售货员工作，投身到服饰生产中。他在工作的那十年里和加泰罗尼亚纺织品生产商建立起联络，从他们手

里拿到批发进价，还积攒了一批专属于自己的有趣顾客。

阿曼西奥在拉马哈店里拥有良好的人际关系和工作氛围，不断接触顾客的口味及喜好，这有利于他的建议被考虑采纳，于是后来普利米蒂瓦为拉马哈缝制的衣服都是由阿曼西奥和卡斯特罗·奎塔斯夫妻的长子共同敲定的，然后放在拉马哈的店里出售。施展拳脚的时刻到了。阿曼西奥·奥尔特加很清楚自己有能力从事销售，但他必须找到一种独特出众、可以畅销的产品。

阿曼西奥·奥尔特加很快意识到如果要进军纺织品生意，他应该以自己累积的知识为出发点，运用独家手段。

20世纪60年代初，他明确地希望拥有一家属于自己的公司，他在寻觅一个前景可观的方案。拉马哈店里销售的一件睡衣被他选中，这件睡衣质地出色、裁剪精良，所有路过橱窗看见它的女性都为之振奋——夹棉睡衣，这么命名是因为睡衣的内里填有棉絮。

拉马哈橱窗展示的女士罩衫、裤子、衬衫、配饰吸引了拉科鲁尼亚女人的眼球，阿曼西奥·奥尔特加也该拥有一个这样的橱窗来销售夹棉睡衣，正如蛋糕店呈上令人难以抗拒的蛋糕和甜食样品。

生产夹棉睡衣的唯一问题是价格偏高，因此阿曼西奥花时间寻找仿制睡衣并让所有人负担得起这些睡衣产品的解决办法。

把那件睡衣一遍遍拆开研究如何缝制之后，他最终说服了哥哥、嫂嫂和女友罗萨莉亚一起尝试亲自制作家庭主妇御寒用的夹棉睡衣。阿曼西奥·奥尔特加看到当时社会对夹棉睡衣的需求堪与工作制服相比，便决定制作夹棉睡衣以满足这些需求。

奥尔特加·高纳一家人先在安东尼奥的公寓里腾出的一块地方制作夹棉睡衣，经历了一些不愉快之后，他们的生意有了起色。

夹棉睡衣是用填充了棉絮的布料制成的，作裹身用。由于加利西亚地处大西洋海岸，气候潮湿，夹棉睡衣常被用于御寒，但实际上它反映出了当地家庭妇女的生活水平。

夹棉睡衣的质量和制作精度根据所在环境是农村还是城市以及妇女的社会处境而有所变化。其中一些睡衣很独特，如柔色夹棉绸缎睡衣等，使用者是高级资产阶级出身的妇女。夹棉睡衣能因地制宜，随着时间推移而演变进化，有些商店或小商品市场至今仍然出售带鲜艳印花或仿天然花朵纹饰的夹棉睡衣。

阿曼西奥·奥尔特加明白夹棉睡衣的设计同时满足了职场女性和那些希望在家穿着舒适的妇女们的需求，因此其消费者群涵盖了所有社会阶层。

以夹棉睡衣小试牛刀并决定进军时装界后，阿曼西奥·奥尔特加、罗萨莉亚·梅拉、安东尼奥·奥尔特加、普利米蒂瓦、小佩塔·奥尔特加和卡拉梅洛公司的创始者何塞·卡拉梅洛于1963年退出了拉马哈，在拉科鲁尼亚的圣罗森多路成立了GOA制衣公司（GOA是阿曼西奥·奥尔特加·高纳名字首字母的倒序缩写）。

阿曼西奥·奥尔特加不到三十岁就拥有自己的生意，他的经营模式和业内常规相反，不是根据生产成本来确定衣服价格，而是反过来用调整生产成本来适应衣服的销量目标。

在《阿曼西奥·奥尔特加是这样一个人》中，奥尔特加就销售睡衣的决定对科瓦东加·欧申做了说明：

我从开始工作起一直怀有一个执念：为何不发明一种不同于市场上现有一切的东西？当时我尚无法明确这个在脑海里萦绕多年的念头，但是我决定顺应那股冲动，和哥哥安东尼奥一起经营GOA。我们用2500比塞塔开了一个储蓄账户，我嫂嫂通晓裁缝，她和我的第一任妻子罗萨莉亚一起制作当时非常流行的夹棉睡衣。

GOA制衣公司后来发展到雇用500名员工，实现自我供应和营销。同时，随着同加利西亚各工厂的合作逐渐增多，并为了把业务扩张到西班牙的其余地方，公司还雇用了一支设计师团队。

除了睡衣，GOA还生产不同布料和颜色的婴儿睡篮。婴儿睡篮是阿曼西奥·奥尔特加第二畅销的产品。根据那时《加利西亚之声》日报的刊载，GOA出品的第一批睡衣售价为98比塞塔。

阿曼西奥·奥尔特加遂决定扩大裁缝铺，把位于拉科鲁尼亚圣罗森多路的裁缝铺迁至诺亚路61号的底层，那里能容纳40名员工制造睡衣和婴儿睡篮。阿曼西奥已经结识了自家两款明星产品所用原料的供应商，他同全西班牙的供应商均有联络，但是格外重视巴塞罗那的供应商。由于纺织布业仍是加泰罗尼亚的重要传统行业，在加泰罗尼亚首府有众多布料批发商，他们重点集中在特拉法尔加尔路及其周边一带，还有乌尔基瑙纳广场附近，如今那里仍林立着大多数布料批发店和中国布料进口店。随着时间推移，阿曼西奥成功地以低价从巴塞罗那购进布料，再以高于加泰罗尼亚睡衣的价格出售产品。

GOA的制衣业务逐渐排除竞争，成为西班牙同等价位睡衣的主要生产商，市场需求量巨大。何塞·安东尼奥·卡拉梅洛的侄子哈别·卡尼亚斯·卡拉梅洛对此做出如此解释（夏别·R.布兰科和赫苏斯·萨尔加多的《阿曼西奥·奥尔特加：白手起家创ZARA》）：

我们希望卖出的产品和廉价销售商的一样多，但是当然是要以我们的定价来卖。我们的产品比市面上的大部分产品贵，但又比同等品质布料的产品便宜。GOA运用裁剪工艺和设计在生产睡衣，从而打破了睡衣就是肥大的有袖衣服的传统观念。除了设计用心之外，我们在交货方面也很谨慎小心。我知道有许多生意因经营不佳而倒闭。但阿曼西奥具备视野，我叔叔深谙销售渠道。

衣服设计完后就被放到销售点、商店和橱窗里卖。奥尔特加那时才27岁，还得再过12年他才能迎来第一家ZARA门店在拉科鲁尼亚托雷洛路的开张，门面直对当时城里最大的商店——巴罗斯百货公司，如今那家百货公司已去无踪影。选在最好的商业地段开店是阿曼西奥坚持至今的理念，他不打宣传广告，因为他认为“最好的广告就是选址在最好的大街”。如今，ZARA遍布全球的门店全都位于最重要的街道上。正如人生万事都有一个开端，第一家ZARA店率先问世了。

2

ZARA的创新革命

二

ZARA的酝酿

阿曼西奥·奥尔特加在衬衫店当过送货员，后来被拉马哈培训为接待公众的售货员，又开创了自己的生意，这些经验知识在他内心点燃了继续成长进步的愿望。他生来就是不安于现状之人，有充分的精力坚持每天早起干活，思索超越前一天的新点子。在源源不绝的冲劲，对出色、有条理的工作的执着和雄心大志的驱动下，他考虑开一家自己的商店。

他想放弃GOA在高楼底层和各裁缝铺开展的工作，终止制造夹棉睡衣，用自己的商业构架对顾客销售其他女装或是婴儿睡篮，在市场中按需供应。

由于他已通晓客户需求，总是依据估算的销售情况来生产商品，卖的是已经畅销的商品，于是打算向市场投放一个属于自己的品牌，一个与众不同的诱人品牌。阿曼西奥·奥尔特加坚定了一个似乎已在他脑海里萦绕多年的念头——成为时装店店主。

怎么做呢？他盘算着按顾客的需求供货。按需供应是他执意从事服饰销售、迎战同行竞争者的根基。此外，他还简化销售过程：必须自主承担从生产一直到销售衣服的整个过程，跳过中间商，把衣服直接销售给顾客。

就好比小区商店的店主对顾客想买什么样的肉或鱼了如指掌，他知道住在五楼的玛利亚喜欢什么，住在八层的恩卡尔纳需要买的嫩牛肉，等等，阿曼西奥·奥尔特加也想成为类似的时装店店主。他要开发这个看似简单却一直行之有效的妙方，建立庞大的网络结构把ZARA的门店、生产、设计、信息传播和销售尽收其中。

西班牙IESE商学院教授何塞·路易斯·努艾诺十分了解阿曼西奥·奥尔特加的为人：

阿曼西奥这个人的谦卑本性中蕴含着好奇心，他把视野瞄准到加利西亚之外，断定妇女的职场就业率不仅处于上升阶段，而且就业情况也正在发生变化，不论是加利西亚还是西班牙其余地方的女性，她们在每天工作之余都需要平价、美观、舒适的衣服，阿曼西奥·奥尔特加以此为前提开始生产其产品——简洁舒适的衣服。他也制作工作制服，针对的是工作时需在公共场合抛头露面的女性：秘书、售货员以及开始从事从前被男性垄断的职业——如医生、律师、工程师、公务员等的自由职业女性。由于男性日常穿着比较简单，在时尚演变过程中无足轻重，奥尔特加便把目标对准了女性的穿着需求。这是ZARA运作的开端。

20世纪70年代初，阿曼西奥·奥尔特加坚决要创立属于自己的第一家服饰店——店名尚未确定，他认准了平价销售时装这条路，为它竭尽一切努力。他需要把之前12年在工作中吸收、分析、牢记的信息付诸实践，开发出穿戴简洁舒适、受那个时代的女性喜爱的衣服，当时时尚的来源地是巴黎和米兰，但时尚也开始朝加利西亚和西班牙女性“抛媚眼”。

阿曼西奥坚信若想要以比其对手更低的价格销售同等或更高质量的服饰，唯一可行的办法就是集中该行业的所有环节，通过自主承担生产、配送和销售，设法降低成本，这在当时可是个不同寻常的想法。

古斯塔沃·费尔南德斯·巴尔布艾纳教授解释说，阿曼西奥·奥尔特加之眼界前无古人：和从前衬衫店的做法一样，他把服饰的设计和裁剪整合进业务，他储存布料，这也和从前衬衫店的做法一样，他可以雇用反应迅速、灵活的裁缝生产衣服，由于一大块工作内容已由自主经营的裁缝铺完成，剩下的事就只是好好监督成品质量，这仍旧和衬衫店的做法一致。这样一来就不必在一季度之初就敲定整个订单，而能够每周都就订单下决策；把一季度下一次订单改成一季度下多次订单。此外，他不在裁缝师做好的成品里挑货，而是自主决定要在店里卖什么，决定有关订单的一切和为迎合顾客品味而不断实行的订单调整。

品牌的诞生

营销纲领的尘埃落定意味着开设第一家店的基础就此奠定。不过，首先需要确定店名。当年可不比现在，那时的人们不像我们为了市场营销的需要而重视“品牌”，也不会聘请品牌专家帮忙想出一个令人惊艳的名字，而是由店主本人从某个细节、自己过去的某个经历，或能体现其工作作风，用寥寥一个或几个词就能定义的某种东西中汲取灵感。店名写起来容易挑起来难。

阿曼西奥遂开始为他人生中的第一家店寻找名字。历史上有许多品牌未经预谋而偶然问世，随后成为举世皆知的商标。ZARA的诞生正可谓各种偶然的综合，尽管它最初源自一部安东尼·奎恩[1]主演的著名电影。据一名阿曼西奥·奥尔特加合作者的说法，最可能的原因是阿曼西奥被奎恩《希腊人左巴》中扮演的角色所震撼，该电影于1964年首映，但两年后才在西班牙上映：

在拉科鲁尼亚的某所电影院里，奥尔特加欣赏着那个不可思议的电影人物，他奋斗不息，热爱生活，追求进步，传递勇气及乐观精神。奥尔特加也具备许多相似的品格，于是他决定把他未

① Anthony Quinn，1915年4月21日至2001年6月3日，美国好莱坞老牌巨星。

来的服饰店命名为“左巴”。

这部由迈克尔·柯杨尼斯[①]导演、安东尼·奎恩担任主角左巴的精彩电影，成为奎恩演艺事业的最大成就。电影情节虽然简单，却引人入胜，它讲述了巴苏（又名阿兰·贝斯）——一个害羞、内敛的作家，在希腊克里特岛和左巴——一个无比热爱生活、及时行乐、性格外向的农民结下友谊的故事。年轻的左巴接受了巴苏提供的废矿区作业工作后，开启了一段学习之旅，巴苏被左巴的积极精神所感染，从一个纯粹的生活观察者转变为生活的参与者。

阿曼西奥自觉和剧中人物左巴一样渴望着体验当下的每时每刻，去参与活动，去承担重要、活跃的角色，他想要手握缰绳、操纵自己的命运，而非被动地随波逐流，因而他选用“左巴”来命名自己的第一家店。

但是阿曼西奥·奥尔特加发现那个银屏上的名字已被

① Michael Cacoyannis，1922年6月11日至2011年7月25日，著名希腊塞浦路斯裔导演。

他人注册并申请了专利，无法被用来命名自己的新公司，新机遇就此浮现。他于是转而询问自己的合作伙伴和家人是否能想出一个类似“左巴（Zorba）”的简短名字。他把玩、组合字母，研究阴性字母[①]a的形变和蕴含的力量，愈发重视起a直至最终将它永久保留下来，组成一个仅包含四个字母的短词，该词在印加古文明的盖丘亚语中意为“玉米”——ZARA就此新鲜出炉。

该店名的确定意味着世上最著名品牌之一、阿曼西奥·奥尔特加的纺织品企业就此落成。此后，成千上万人的衣着需求将仰赖于它。

第一家ZARA店

ZARA店名注册完毕后，1975年5月15日这位刚开始创业

① 西班牙语中名词分阴阳性，阴性名词以字母a结尾较常见，因此字母a在文中被喻为阴性。

的企业家的第一家门店在拉科鲁尼亚胡安·弗洛雷斯大街举行了开业庆典，店址距离他曾经充当学徒和衬衫送货员的加拉衬衫店仅200米。

第一家ZARA店开业后，企业的垂直整合也随之完成。在当时的时尚产业圈里，无人知晓垂直整合的概念。刚起步的前几年充满艰辛，有大量工作要完成，收益被用于重复投资，目的是使这艘满载渴望的船舰快速开动起来。

Inditex的传播主管赫苏斯·埃切巴里亚满怀激赏地回忆ZARA企业架构的意义：

早在第一家ZARA店开业之前，阿曼西奥·奥尔特加已经懂得如何回应一个概括了ZARA的全部经营意义和理念的问题：告诉我，你卖什么？我来制造。我们来看看门店都有哪些需求，“看，那里是样衣”……如今ZARA的不同之处在于它在全球范围拥有5000多家门店。我们向时装顾客供应他们想要的、喜欢的东西，从这个意义上讲，我们就像是店主。要拉近顾客，我们就得从门店来分析业务，门店是我们企业理念的中心。

一开始，ZARA为了迎合顾客什么类型的服饰都卖。男士成衣和儿童成衣、城里其他商店也卖的靴子和衬衫、学生用的毛巾和制服——没多久就吸引了圣地亚哥—德孔波斯特拉的年轻大学生。确切来说，第一家ZARA门店最畅销的商品之一是一款针织套头衫，所有大学生都花了500比塞塔购买它。

根据哈别·巴拉尔——当时Adolfo Domínguez[①]的设计师的解释，ZARA店卖的服饰价格比其他商家的均价更低，使用的布料只耐用一季："他的利润空间很小，只有40%，而其他所有人的利润空间都是70%，甚至到80%。麻烦就来了，所有人都反对他的做法，因为他们认为那属于不正当竞争。"（夏别·R.布兰科和赫苏斯·萨尔加多的《阿曼西奥·奥尔特加：白手起家创ZARA》）

① 西班牙高端时尚品牌。

生意秘诀：快速反应

阿曼西奥·奥尔特加满怀进取精神，直至1979年在加利西亚已拥有4家ZARA门店。门店业务有一个伴随ZARA不断获得巩固的主要特点：快速反应。与此同时，在80年代后半期，ZARA开始在纺织品行业内扩张。

这个被命名为“快时尚”的策略力图改善零售（此处指衣服布料销售商）和生产之间的配合，旨在提高针对顾客品味变化的反应速度和灵活度。

IESE商学院教授庞卡杰·格马瓦特和何塞·路易斯·努艾诺在2003年对ZARA案例的研究中解释：

快速反应能帮助零售商减少供应错误和库存风险，它的做法是在接近销售季度时规划时装系列，试探市场，一开始下小订单，之后频繁地下新订单，随着季度推移不断更新时装系列。

奥尔特加领悟到巴塞罗那等多个城市的快时尚商家的做法，把它运用在ZARA的服饰销售上。

努艾诺教授仍不无感触地忆起曾有一个亲戚告诉他，阿曼西奥·奥尔特加去巴塞罗那同那些在设计上抄袭巴黎T台的潮流，制作出劣质成衣，再向所谓的快时尚商家批发产品的人洽谈生意。快时尚商家的特点是生产出一款衣服后就直接投入销售，衣服跳过复杂的分销环节被迅速送达顾客，这些衣服是市面上已有的昂贵衣服经修改、重新设计后得到的舒适廉价版。

在创新精神的鼓舞下阿曼西奥·奥尔特加突破了当时纺织业运营结构的桎梏，譬如他在ZARA企业结构中简化了从设计到制衣再到销售的过程。

剔除中间商是其公司第一个真正富有新意的决策，受80年代初某些大型零售商和批发商的连环倒闭所推动。

奥尔特加的创新决策还源自他对在纺织贸易行业里摸爬滚打多年的其他行家的做法心怀好奇，他把这些企业家运用了数十年的经营方法拿来分析、领会，用于生产自己的服饰。何塞·路易斯·努艾诺着重强调了这个特点：

奥尔特加认为通过第三方销售衣服不利于了解大街上的最新流

行动态。ZARA的头几家门店并不漂亮。它们外观朴素，但都从一开始就具备该企业的一个特点，即奥尔特加在展示商品、运用视觉营销方面的才华，其熟练度也许仅次于他筛选货品、创建订单方面的精准度。

努艾诺教授曾同阿曼西奥·奥尔特加共事，他在解释这位时装企业家的发家之道时毫不吝惜赞美之词：

在创业之初，自第一家ZARA店开业以后，他时常在巴塞罗那的特拉法尔加尔路上散步，那里是大宗布料批发商的主要聚集地。他惊讶于快时尚商家的制衣速度之快以及从90年代起令这种运作方式走向终结的所有局限和缺点。

他很欣赏当时所谓的快时尚商家的运作方式：去巴黎购买在时装展甚至是游行队伍里被展示、穿戴的服饰，而后运用在西班牙国内。实际上，人们习惯称呼他们为“西班牙抄袭者”。

该行业通常夏天的生意比冬天更兴旺，运作方式是：有些商店只在特定季度开张营业，迎合顾客的喜好——这些店在街上设一个大摊子以迎接前来批货、用现金付款的服装店店主们——这些人花钱购买受巴黎时装展，或更准确地说，受巴黎时装展上的时装款式启发而仿制出来的衣服。那时米兰的时尚还无足轻重。

快时尚商品总是十分抢手，因为它们很时髦—— 款式均为设计师们通过在巴黎购买样品和参观T台演出及时装节表演而直接抄袭得来的杰作。

在我看来，正因如此，奥尔特加先生认为服装设计师更像编辑，负责汇编出版全世界畅销的服饰，而非款式系列的创造者，他涉足的是模棱两可的抄袭领域，然而这个行业始终存在着抄袭，始终追赶着潮流，潮流是昂贵的，专属于精英阶层的，只有有钱的女人才支付得起潮流。

ZARA在约四十年的发展轨迹中始终保持其经营理念不变。奥尔特加以前是、现在也依然是一个大型快时尚商家。快时尚商家不设计时装，而是参考别家的橱窗，观察大街上的人怎么打扮，然后迅速生产产品。奥尔特加欣赏这样的生产模式，把它挪用到ZARA和Inditex的其他品牌上。

当一个标准产品——一个时装制造的样本产生后，时尚风险增加，这时需要通过迅速沟通把创意投入商品制造。降低时尚风险的唯一办法就是缩减启动服装系列和产品上架销售之间的时间间隔。这是ZARA的生产过程和产品到店速度飞快的原理，努艾诺教授解释道：

阿曼西奥 · 奥尔特加吸纳了所有快时尚商家的增长优势，他压根就像是ZARA等品牌的制造机。他首先成功地超越数百个快时尚商家，汲取他们工作方式的最大长处，简化了他们的经营模式，而后随着时间推移，他又过渡到另一阶段使ZARA比卖其他品牌的商店表现得更出色，他遵循的是一个被沿用至今的基本原则：ZARA服饰的价格异常实惠。

在ZARA刚起步的前几年，这些工作方式广受推行，公司有所进步。1976年，GOASA（GOA制衣公司的股份有限公司）成为ZARA的持有企业，其机构遍布全西班牙。

1989年，Inditex问世，该集团集合了生产、配送和销售，并逐渐并购其他大公司，譬如1995年从企业家阿尔曼多 · 劳萨卡手中买下的Massimo Dutti，1999年以1.082亿欧元收购的Stradivarius。此后，它又将连锁店Pull & Bear、Bershka

和内衣公司Oysho收入囊中。

源源不绝的服饰供应

阿曼西奥·奥尔特加很清楚自己不能效仿其他纺织行业内的企业家，ZARA必须和传统模式决裂。门店曾经是、现在仍然是（未来也依旧是）联系顾客的最重要地点，是有效信息的释放点，公司可以通过它了解顾客希望买到什么样的衣服。除了迅速联系顾客之外，从第一家ZARA店开业那天起他就一直严格遵守一条黄金守则：不参与每年两季——春季和秋季的时装发布。

ZARA是在纺织行业内施展别样智慧的先锋。它推出充满活力的服装系列，以和顾客品味变化同步的速度来设计、生产、配送和销售这些服装。

从一开始ZARA的顾客就该知道，如果他们看上哪件喜欢的衣服就要立即下手，因为同样的衣服很快就会从货架上消失。ZARA成功地营造出一种商品短缺、购物机会稍纵即逝的氛围。为配合这种氛围，阿曼西奥·奥尔特加不惜投资几十亿比塞塔把最新一代技术运用到各个业务层面上，包括管理、设计、店内衣服的放置、橱窗、制衣、物流和营销。

Inditex服装集团的国际主管路易斯·布朗解释了为何全球的ZARA门店均位于城市交通最繁忙的大街上。这是ZARA企业所遵循的原则之一，阿曼西奥·奥尔特加从一开始就对最亲密的合作伙伴揭示了个中原因，好让他们理解：

> 我们投资最好的地段，精心布置我们的橱窗，这是我们展示形象的手段。我们希望顾客走进的是一家漂亮的商店，那里出售最新潮的时装。但是，最重要的是，我们希望顾客知道，如果他们看上某个商品就该当场买下，因为到了下一周同样的商品就不会再留在店里了。这是为了营造一种商品短缺、购物机会转瞬即逝的氛围。（阿曼西奥·奥尔特加对雷斯利·克劳福德的讲解原文，2001年3月30日发表于《商务杂志报告》，2003年被庞卡杰·格马瓦特教授和何塞·路易斯·努艾诺教授收录）

顾客和作为基础销售点的门店在ZARA的企业结构中占

据重要地位，使业务的纵向整合成为可能。从设计师进行构思起，仅需经过短短12天，作品就能被送达最遥远的门店，精心策划的服饰得以及时展示，吸引顾客的关注。

橱窗联系着外部世界，它仿佛是连接设计师创意和顾客喜好的一座桥梁。门店是理解该过程的根本，因而我们优先考量门店，也就不必再通过其他媒介——譬如其他品牌常用的广告渠道来了解ZARA这个品牌。

3

ZARA的创新革命

三

ZARA的发动机：员工、门店和顾客

顾客是ZARA业务的中心，一切都围绕着他们来运作，只有了解顾客的喜好才能提供相应的商品。要满足这个前提，就得规划好门店和橱窗。必须精心设计门店，把店内一切组织得井井有条：从衣服的摆放到为人体模型选用的衣服颜色，包括顾客的信息咨询和员工对顾客衣装的出谋划策。ZARA以及Inditex旗下的其余七个品牌的所有员工都自豪地承担和展示这一工作机制，Inditex也鼓励其下属品牌相互竞争。

门店开张时，所有细节都备经思虑和审视，服饰以最优方式摆放，以便吸引顾客的注意力。每当满载新货的卡车抵达门店，不满二五芳龄的年轻姑娘们便跑这跑那地忙碌着。

在位于巴塞罗那蒂亚戈纳尔大街的ZARA店里，店员们正忙碌地摆放折边完美的衣服。该门店位于卡萨诺瓦街的街角，这是一个遍布办公室、精品店、餐厅和办事处的地区。此外，从多年以前，ZARA别在每件折叠好的衣服上的已不是别针，而是其开发的专用于防止布料穿孔的小夹子。店里的售货员——和全球任意一家ZARA店的售货员一样，是接受过集训、学习过品牌销售理念的女雇员，她们对待顾客礼貌而殷勤，且面带微笑，当顾客正在下决心是否要买下一件衣服时她们耐心等待并不催促，同顾客告别时语气亲切。ZARA店内的全体工作人员均需负责招呼顾客，但无需以某种方式对顾客施加压力，她们只会简单地询问顾客：“您找到想要的商品了吗？”

ZARA的员工培训

在巴塞罗那卡萨诺瓦街的店里，员工们待商品从卡车上卸下后，便开始摆放裤子、裙子、T恤、女士罩衫等，确保顾客不会挤到同一个柜子或货架前。同一幕在全世界的每家ZARA店反复上演，直至新衣服全部摆好、没卖出的旧衣服被挪去店里的其他位置，这个过程才算完毕。

Inditex87%的员工都在门店里上班，该集团大于80%的培训费用都用于这些员工身上，他们组成了最广泛的工作团体，直接和顾客打交道。

最常见的培训内容是针对公司新进员工的入职培训，接着是门店管理终端[①]的操作和劳动风险预防课程等。在门店里开展的培训计划则是关于客服、产品和最新潮流等的，侧重于实际方面。

为确保门店工作人员接受统一、优质的培训，所有连锁门店均使用专门的教材，配有指导者、定期的咨询和评估等，这些内容不论对培训师还是受训者都有帮助作用。其中一项重要教材为不断更新的连锁店规范手册。

这些手册汇集了诸如人力资源、收银台操作、环境、有

① 这是Inditex在门店里使用的一种信息设备，用于搜集所有门店的销售信息并汇集到总部。

关连锁系列和集团的详细资讯等门店工作各方面的详细信息。所有门店店长手头都备有这些手册，以便员工随时查询。

具体到ZARA，它的培训侧重点为Zara.com在线销售的新流程，Zara.com已被引入一些欧洲国家内的ZARA门店。

门店：潮流的空间和汇集

ZARA在最近十年内开设的销售点显得更加宽敞舒适，细节被做到了极致，有的门店还引进了与纺织品无关的服务，包括理发、按摩、紫外线美容等。

只要走进一家ZARA门店——或是Inditex集团下的其他品牌门店，我们就能印证门店空间的各组成元素都事先经过阿尔泰修集团总部实验室的研究和设计。所有门店都遵守公司的决策，具备连锁店的共同特点，但是同时每家门店的店长又能根据各自的顾客群情况提出一些构思或改变。

所有分店每周接收两次新货，即使橱窗每月只变动一次；店里分女装区和男装区，公众视线内的家具摆放期一般不超过两年。

男装区的商品摆放顺序基本固定不变，一切都经过事先估量，首先呈现给顾客的是运动用品，而后是日常服饰。所有衣服都讲究色彩搭配和配套，原因是男性不爱翻动衣服，只会拿走自己喜欢的。女装区却不同，所有衣服按颜色分类，这是由于女人们惯于按自己的喜好搭配服饰。

橱窗是橱窗设计师的专利，其余人一律不准触碰。每两年变更一次的门店装潢也遵循同样的规矩，依照时下潮流选用各种颜色。

对此，一名在阿尔泰修公司总部工作的女设计师表示：

> 如果潮流不存在，我们将一无是处。我们依据潮流进行自我审查，了解自己的设计是否迎合全球千万人的需求。因此我们必须关注潮流，把它当成最珍贵的财富。

ZARA门店是阿曼西奥·奥尔特加对时尚概念的极致诠释，它浓缩了该品牌在全球范围内通过公司年产量9亿件的服饰所推行的所有潮流创意和倡导。因而门店的能见度十分重要，换句话说，门店所在的街道能够把顾客和门店联结起来。

全球平价服饰：无广告式销售

该如何诠释时尚潮流和顾客的品味？想要了解市场上存在什么需求，仅仅分析门店是不够的。ZARA内部有一个部门，由通过研究社交网络和互联网来追踪顾客品味的业内人士、时尚达人、博客作家以及散落在纽约迪厅、巴黎商业区、伦敦酒吧、米兰最时髦的街区或西班牙的时尚酒吧等场所的合作者组成，负责发掘任何年纪的潜力客户喜欢的款式。ZARA内部充满精于打探、了解人们需求的专家，随处可能浮现出新构思。

ZARA门店还以提供具有最佳市价——最便宜的服饰而闻名。ZARA能够通过降低利润来实现薄利多销；它民主化了时尚，改革了时尚。在20世纪90年代由四大品牌领衔的西班牙纺织品市场里，各纺织品分销和生产公司开展残酷的竞争吸引顾客，而今取代它们的是ZARA这种符合成千上万男女衣着需求的全球性企业。这种转变不单单发生在西班牙，它已蔓延到其他80个国家。当然，相应的代价是许多人会在大街上撞衫，原因在于ZARA捍卫的是全球时尚，它力求在全世界范围内为顾客供应服饰。

在公司里，人们总强调阿曼西奥·奥尔特加在创业之初采取的决定：不滥用广告公司。实际上，ZARA的身影几乎不会在媒体或是公交车站的遮挡棚出现，门店和橱窗组合才是ZARA的最佳广告。ZARA的管理人员之一赫苏斯·埃切巴里亚解释了为何ZARA的主要宣传在于门店——这是一种在街边构思设计的方式，利于直接走近客户：

当我们考虑门店时，想的不是Inditex集团在全球范围内总计达5500家的门店，也不是其中的1700家ZARA店，而是独立区分地看待每一家门店，因为每家店都该有自己的特点，如果没有，那肯定是什么地方出问题了。我们的门店必须非常真诚地对待顾客。我们不打广告，表示我们不想靠一个服装系列或某款时装来塑造顾客的感知或者对其施加压力，而是通过门店不断了解顾客想要什么。同顾客直接打交道有利于我们鉴别我们的时尚追随者，从而提高了这种经营模式的诚意。

广告就是一种宣传你是多么优秀的正当手段，从而传递你的企业很优秀的讯息。ZARA从一开始就不愿涉足这种广告策略，我们希望以顾客踏进店里时的偏好为依据，从门店了解顾客的感受，以此构建能实现自我提升的经营模式。

实际上，在Inditex的阿尔泰修总部里存在一个“地下世界”，在中央厂房下方是创意者们、设计师们分享观点的开放区域，在各行政部门下方则是按实际比例每两周修建一次的ZARA虚拟门店。室内设计师们共享一个5000多平米的楼层，在那里测试将被摆到门店橱窗里的人体模型和服饰，他们以和实体店相同的操作方式模仿服饰的搭配和摆放方式，以便根据阿尔泰修总部设计的新服饰和新潮流来预测这些服饰应如何摆放。

关于橱窗和室内装潢的主题、色彩搭配和产品展示的各种设想随着季度的推移和产品销售的进展而不断发展，然后由各地区的橱窗设计师和室内设计协调员小组到各门店执行这些设想。他们每隔三周造访一次门店，以变换橱窗里的陈列。

顾客决定潮流

ZARA能为从几个月大的婴儿一直到成年的男性及女性供相应服饰。ZARA把T台常现的原创性同街上路人的品味相联系。它的时尚顾客既有欧洲人、美洲人、亚洲人，也有近东人。它力图给顾客培养每隔两周内重返门店了解新到商品的习惯——对于大型纺织品销售连锁品牌而言，两周已是最短的时间间隔。它还让顾客依恋上一种特定的购物体验，假使所有ZARA门店忽然消失，这些消费者也会倾向于去其他地方寻求相同的购物体验。

门店为ZARA的创作和全球服饰销售过程不断贡献价值。奥尔特加选择了绕开与客户间关系的常规概念：不让设计师来决定路人穿什么，而是由消费者来决定自己想穿什么。如何知道客户想穿什么？通过分析每家ZARA门店的日销售量、滞销的服饰、收入和顾客偏好。

ZARA和Inditex集团旗下的品牌区与其他快时尚大品牌的不同之处就在于其生产过程是围绕追求舒适平价的各年龄层男女展开的，其设计可使一个人在跨入店门的那一刻就发现自己想要的衣服。

位于巴塞罗那加利西亚步行道和格兰维亚大街交叉处的ZARA门店每天接待500名顾客，该店员工玛利亚说她刚到店工作时必须学习领会该品牌的如下基本原则：

ZARA是在了解顾客、观察顾客反应的基础上开发时装需求的。在门店的设计方面，我们会把本周推荐的服饰放在方便公众看到的地方。一周后我们收到新商品，更替货架上的服饰，但是顾客仍然可以在店里找到上周推出的某件衬衫或短裤——如果他们喜欢的话。

我们通过门店和橱窗的对外展示发起一场穿越全球男女服饰潮流的最新时尚之旅，店内的一切都具有连贯性。不论客户是不是常客，我们都会记录下他们对我们说过的话，如他们是否偏爱某款、某色罩衫或配饰皮带，想用它们来搭配某件我们店里目前没有，但有需求的话就会生产的外套。我们每天向阿尔泰修总部提交一份关于销售情况、未售出产品和顾客偏好的报告，设计师们会分析这些信息，以筹备会在两周后到店的新服饰。我们遵循的思路就是当客人在店内走动和上下楼时，能够找到他们上班、在海滩休闲或参加某个特殊场合的晚会所需要的所有服饰。不论是我们的橱窗还是店内设计，都是为迎合公众需求而设的。

ZARA在全球的每家门店都在不断地批判应如何推动工作和领会顾客的需求。这么做的目的是：尽快同时装消费者的品味接轨——这就是我们存在的理由，也是我们每天的首要任务。

正如ZARA员工常说的：门店是购买行为的发生地，在那里顾客或买一件罩衫，或买一件夹克，或买一条裤子，或买一件T恤。ZARA以分析全球每家门店每天的销售情况出发，对销售执行量化分析。

不过，他们也分析那些卖不出去的和吸引较少关注的服饰，因为一切都有助于了解公众的偏好。

这些统计学表格数据每日要经由Inditex集团八个下属

品牌的店长们分析，由集团各配送中心——ZARA和ZARA HOME在阿尔泰修、Pull & Bear在费洛尔和Massimo Dutti在托尔德拉（巴塞罗那）的设计师创意团处理。

这些被送达公司阿尔泰修总部的信息来自ZARA遍布全球的上千家门店，反映了应如何利用任何有关顾客偏好的细节。以下便是其中一例报告：

巴塞罗那、阿里坎特、塔拉戈纳和整个地中海沿岸的ZARA门店售出了较多荧光色T恤和女士罩衫。女式超短紧身热裤是6月初的销售主打款式。热门的颜色为黄、粉、艳红和白色。薄针织罩衫、裤子和经典亚麻连衣裙在马德里畅销。在巴黎、柏林、伦敦和米兰，流行白色、原色系组合，半身短裙和海军蓝或天蓝色的外衣组合，男士衬衫和亚麻休闲夹克的组合。

店长们仿佛是身处销售点的形象设计师，他们发送来的这些信息非常宝贵。

但是，在销售点培养ZARA顾客的忠诚度还需顾及另一方面：店长和顾客直接打交道的方式必须自然，基于相互信任，要像一个市场上的摊主熟知他的终身主顾中意买哪类肉、如何按顾客的要求切肉那样——它也是阿曼西奥·奥尔特加制定的方针之一：

我们就是市场摊主，这个认知在公司深入人心。当你进入ZARA工作时，你就会懂它，他们就是这么教育你的。

“时尚摊主”这个概念并非只是被偶然提及，它是千万名ZARA或Inditex任何下属品牌的员工在培训中学习的概念之一。在这个象征世界时尚的旗号下工作的门店收银员同售货员或店长承担同等重大的责任。

企业培训师让这些收银员们意识到采集ZARA店买家偏好信息的重要性。不久前一个由20名女生组成的小组在位于阿尔泰修总部的ZARA业务培训基地学习了一些口号，其中一例便是：

你们身为收银员，是购买产品的客户在店里最后见到的人，因此你们应该感谢顾客的光临，并以用“期待再次光临”以及自然的微笑同他们告别。

店长通过创建情感纽带来了解顾客的品味和偏好，譬如顾客喜欢什么颜色，适合穿什么布料，这些都是非常宝贵的信息。埃莱娜就是其中一个具体范例，常被ZARA品牌总部的领导和员工援引，以强调店长同顾客的关系的重要性。她曾在马德里委拉兹凯兹大街的高档区担任店长长达二十多年，而今已经退休。她曾被视为名人，以“委拉兹凯兹的埃莱娜”的称号而闻名，在公司里工作了三十年，是个不折不扣的榜样，既熟知马德里小资名流的品味，又能以不变的热情接待无名顾客。

ZARA的店长们肩负广泛职责，远胜其他纺织品营销公司的店长。根据卡杰·格马瓦特和何塞·路易斯·努艾诺教授的说法，她们除了监督门店的商业运转之外，还要负责维护门店的形象、决定店内服装的摆放、把顾客反馈的数据和对一些产品变化的印象发送给阿尔泰修总部服装设计师团队，以及适时决定加单或把滞销的商品退库。赫苏斯·埃切巴里亚解释说：

店长们之所以能遵循公司的理念来同顾客打交道，是因为这是个自然而然发生、非强制性的过程，是我们不断回归“摊主”概念的结果。虽然门店工作的要求严格，但同顾客打交道、看他们欢喜地离店能为员工带来强烈的满足感，顾客能欢喜地离店，其忠诚度也就相应地产生了。“哪件衣服你穿显得合身”“你再多等一个礼拜，我们到时会有一些很棒的女士罩衫”，等等，这类参谋意见是ZARA营销理念的基础之一：我们不靠发会员卡或打折令顾客重返门店，而是力图靠我们的真诚、一视同仁来做到这点。我们也研究客人的批评建议，如“这件带亮片的我穿不好看，我不喜欢”。

据埃切巴里亚确认，这个理念自ZARA创建之初就一直存在，它是公司运作的关键点之一：

对我们而言，店长有责任每天向阿尔泰修总部发送一份报告，说明其门店的销售数据，如海军蓝裤子是否已售出，粉色罩衫是否未售出，客人是否偏爱颜色鲜艳的衬衫。这些信息有助于我们根据顾客品味开创新服饰，创作就此启动。我们不对市场强推服装系列或潮流，而是评估市场在最短的时间内需要什么。

ZARA力求保持恒定的预见力，使时装全球化，使门店在全球成为潮流的连锁接点。埃切巴里亚精准定义了ZARA品牌的时尚观：

并不存在什么西班牙时尚意识，时尚是全球性的。门店必须探明其活动范围附近每个街区的潮流。纽约门店里的一款衣服可能在我们的巴塞罗那门店里也有，但这件衣服在不同店的尺寸也不同。如果这家门店位于年轻顾客较多的街区，那么就会有较多适合年轻人、迎合年轻人品味的衣服，我们的营业员和店长已事先探明了他们的品味。ZARA很重视在地理位置上接近顾客，以满足顾客的需求和消费喜好，因此门店被设定为信息采集点。

销售变成不断“出产”顾客的机器，顾客们光临门店时习惯性地期待了解每周到店两次的新衣服。这些服饰将变成潮流，在东京、纽约、马德里、伦敦或巴塞罗那被大量消费。

广泛的商品图录

为使这台机器的齿轮不停转，ZARA致力于为公众提供琳琅满目的服饰图录。为了迎合不同类型的男女顾客的各种品味，门店里的商品类型十分多样化，在马德里的一家ZARA店店长如是解释：

我们的商品样式繁多（每周推出两个新系列，有18000个不同款式参考），我们所希望看到的是某种正在形成的潮流不是只出现在我们的门店里，而应出现在全球的所有ZARA店里。时尚是多变的，我们能够提供对应各种时尚的服装，顾客说，我们同样的衣服会摆放在店里不同的位置，对于那些未售出的衣服，我们没有时间储存它们，便以不同形式摆放它们以吸引顾客的关注，最终把它们售完。

Esade商学院创新方向的教授胡安·拉米斯曾研究门店对于ZARA的价值，他在强调门店在销售和吸引客户过程中的作用时分析道：

门店是必不可少的，是Inditex同终端客户直接接触的战略地点。所有拥有属于自己的门店的公司都具备一个潜在的、巨大的信息和实验来源。

要了解顾客的需求和兴趣，关键就在于要有优秀的店长。此外，公司的所有信息系统应都是为辅助店长工作和加快信息传递而设计的。

此外，作为纺织品公司的一种成就和目标，拉米斯还强调，在ZARA这个案例中，来自各门店的所有信息都被集中到唯一一个地点，即位于阿尔泰修的公司总部，而非分散到各销售点附近。这意味着有关ZARA服饰设计的任何决策都诞生于加利西亚，即便顾客是在巴西、美国、法国、加拿大、阿联酋、土耳其或澳大利亚买到这些服饰。

有关集中化的信息系统，拉米斯评说道：

大量、有用信息的集中化有助于快速采取决策。同时它也基于一个事实，即西方时尚是一个普及概念，在任何地方都可以找到ZARA的女性原型。

ZARA立志于在门店里提供新款时装系列和配饰——如鞋子、香水、手提袋、围巾、仿真珠宝和腰带等，它们在装修雅致、位于门庭若市的商业街道的店里以相对低廉的价格出售。

ZARA门店的独到之处

ZARA门店发挥着双重作用：一是充当公司面向世界的门脸，二是生成在集团内上通阿曼西奥·奥尔特加，下至营业员的重要信息。同时，根据卡杰·格马瓦特和何塞·路易斯·努艾诺教授研究该品牌时的描述，ZARA门店将有关橱窗和店内样式的决策集中化，以推广品牌的市场形象。

ZARA将其商业理念原则移植到其门店的构架上：设计，持续更新，快速反馈，对本地顾客期望和环境要求的适应。ZARA门店的创建被视为一个持续、开放的过程，对业务起着关键作用，由不同部门的专业人员参与和其相关的决策。

ZARA门店散布于全球各个城市，临街倡导时尚，真正标志着ZARA品牌始终带有一种原创的、与众不同的特色。

虽然这些门店秉承着一些相同的原则，但是每家店都是独特的、与众不同的，能适应不同的文化和环境。有时它们会还原所在城市的部分历史遗产，以精心设计的方案复原独一无二的空间。

正如ZARA建筑研究主管何塞·弗洛汉所言，门店“被视为时尚和顾客的约会点，通过改变来迎合新的需求”。尽管门店销售同样的商品，但每家门店都是独特的，这是适应不同购物习惯和社会、文化环境的结果。

ZARA门店响应最近距离内的客户需求，范围极限为方圆500米。ZARA商品图录里的时尚面向全球，顾客可以在马德里的委拉兹凯兹大街、巴塞罗那的格拉西亚大道或纽约的第五大道找到相同款式的衣服。每家门店都和所在街区的其余商店处于竞争关系，因为阿曼西奥·奥尔特加认为竞争是以街区为单位展开的。每家门店应该设法留住前来消费的顾客，因为他们地理位置较近，而所售的衣服应该依据当地偏好和这些顾客的品味来进行设计和调整。

每家ZARA店都对应一个独一无二的室内外设计理念。室内设计旨在创造一个以衣服为主的开放空间，清空服饰和顾客之间的任何阻碍。ZARA销售业务的主要发展战略是开设自主管理的门店，这些门店被一个由Inditex集团全部或多数控股的子公司统一管理。

ZARA门店的建造对应了不同的环境和风俗，其结构和组成有利于继续开展国际扩张，能以不可或缺的灵活度解决各种复杂形势，并负有尊重、还原、改善城市遗产的责任。

因室内风格和选址在历史建筑而具有代表性的ZARA门店包括：位于埃尔切、罗马（科隆纳宫）、巴塞罗那（格拉西亚大道）、东京、芝加哥（密歇根大道）、雅典（克莱路）、上海、米兰（科索维托里奥）和巴黎（玛德琳大道）的门店。

2012年，ZARA在美国的最大门店在纽约开业，该店采纳了最新节能成果和材料，被誉为该品牌的“生态高效店”。

生态高效店的新模范

ZARA的纽约门店座落于铁狮门大厦（第五大道666号，

与52号路交汇），在世界上最重要的商业区占有独一无二的位置，室内设计新颖，着重突出时尚感。其面积有3000多平方米，分布于3个楼层，在超过23米的墙面上开设5个对外橱窗。有450名员工在店里工作。

纽约店的新形象有四个基本原则：美观、明了、功能性和可持续性。整个空间以简约为主，利于顾客直接接触时尚。出于功能性考虑，门店3个楼层中的每一层的布局都围绕着2个长轴、走廊或“展示台”展开，通往每一侧的独立空间或“立方隔间”，用于分别展示不同的服装系列。木材家具的纹理使人联想起诸如亚麻或丝绸等面料，色彩中性而优雅。

该门店深入执行其环保职责，采用各种节能措施，包括在库房使用活动探测器，当库房内无人时，光照强度会自动减少80%，在人流量较少的区域（厕所和内部通道）也安装了活动探测器。然而门店的生态高效性不仅体现在节约用电（门店照明已降低了66%）方面，店里还使用了电子控制风帘，防止室外的冷空气或热空气进入室内，这些措施的成果是一家ZARA门店只消耗了一般门店年均耗能的30%，节约了70%的用水，每年少排放了150多吨的二氧化碳。

阿曼西奥·奥尔特加从2008年起就启动了首批生态高效店项目，令ZARA在全世界公司环保贡献排名中位居前列。

ZARA生态高效店项目的重要里程碑是首批门店的创建。两个打头阵的门店于2008年在拉科鲁尼亚（西班牙）和雅典（希腊）开业。这两个试点均在材料、设备以及控制和进程系统方面具有可持续性。具体而言，位于雅典克莱区一幢历史建筑内的ZARA门店是公司生态高效店的首个模范，店内设施和操作流程的特殊应用能达到和纽约门店相似的节能效果。

雅典的ZARA门店，是ZARA的建筑和工程部门继复原萨拉曼卡市圣安东尼奥皇家古修道院的石碑后，开展的最有趣的复原项目之一。相关经验为ZARA于2009年在巴塞罗那“天使门”步行街新开业的门店奠定了基础，使其成为荣获市场上最严格的绿色建筑评估体系之一——美国LEED金级环保证书的第一家ZARA生态高效店。

自该项目开展以来，经过阿曼西奥·奥尔特加的个人努力，ZARA又为其他生态高效店申请了环保证书，通过采取新的环保标准和技术要求改进了生态高效店模式。

ZARA和Inditex集团利用在构思和建设生态高效店方面所积累的经验，策划、撰写了一套专门的《生态高效店手册》，手册里规定了所有参与生态高效店的设计、开发、维护、管理的内外部专业人员所应遵循的一般标准和基本特点。

生态高效店模式仍处于持续发展当中，并吸纳了新的技术特征和要求，目标是在建设和日常经营门店的过程中改善能源的使用效率和减少对环境的影响。

生态高效店成立计划规定在各国的Inditex领导层担负监督职责。为此，ZARA的环境部门开发了相关培训计划，帮助技术员和管理人员深刻理解生态高效店模式，把它运用在新建中和改革中的门店上，特别是用来维护运营中的门店。

Inditex除培养其所有下属连锁店负责人关注环境之外，还在葡萄牙、法国、意大利、波兰、德国等国家传授有关运营生态高效店模式的课程。它对现有门店的整个照明系统进行了更新换代，采用了高效节能灯，安装了一个自动开关光照和调节空气的中控系统。它还以更为高效的A级能源空调替换了原有空调，并安装了一个扶梯速度控制系统。

一个能很好地体现该品牌环保效率承诺的例子是Inditex的第5000号门店：这是ZARA于2010年12月在博科尼宫开业的一家店，该建筑拥有长达120多年的悠久历史，是罗马市中心最具代表性的建筑之一。它是目前该集团所有新店在生态效率方面的典范。该店位于科尔索大街189号，采用各种新措施，确保（在材料、设备、控制或进程系统方面的）操作规范，满足获取上述美国绿色建筑评估体系LEED的最高级别证书——铂金级证书的要求。

该建筑的历史可追溯至19世纪下半叶。1885年，博科尼兄弟在建筑师中发起了一场竞赛，胜出者可在首都最核心的地带之一完成一个大型建设项目。获胜者是提出在建设中使用钢结构方案的建筑师朱里奥·德安吉利斯。建筑物的外观是介于新古典主义和文艺复兴主义之间的历史风格，有4个相同的墙面，每一面墙的下层是3个大拱券，上层则是分组的小拱券，4层递减的内部结构被隐藏起来。

ZARA意识到该建筑物的独到之处，参与了意大利建筑师杜乔·格拉西的复原项目。大量历史文献成为这幢建筑物彻底翻新的依据，它还吸收了结合历史传统与现代建筑的特别元素。该店所采纳实施的标准可谓是一个设计、建设、管理、维护和革新门店的大胆设想，旨在使门店成为节能、环保，减少环境影响和废弃物最少化方面的模范。

店里设有新能效控制系统，通过Inditex的阿尔泰修总部可以管理店里所有的能源消耗参数，包括照明的开启和关闭以及空调。

该店的可持续性措施和能效措施是围绕LEED证书系统的各级别要求而制定的，包括在材料、设施和控制进程系统方面的改变，全球约1800家ZARA门店将逐渐实行同样的措施，譬如：使用针对火灾报警和在人流较少区域熄灯的活动探测器；在营业时间以外将照明功率至少降低50%从而减少城市光污染的照明系统；使用寿命较普通照明灯更长的LED灯以及降低耗水量的灰水回收系统。

ZARA的环保和建筑团队在拉科鲁尼亚大学、圣地亚哥·德孔波斯特拉大学和维戈大学的专家和技术人员的支持下，确立了优秀的环保实践模式，利于Inditex及其供应商构建一个可实现门店可持续性的工作框架。

发展生态高效店是Inditex近几年来最重要的一个项目，不仅因为门店是Inditex的关键业务领域和能耗最大的地方，还因为顾客也是门店的参与者，有同企业一起实现环保的责任。

在货物运输和顾客关系方面体现环保的其他例子，包括用于把产品运送到门店时的纸箱会被反复使用6～8次。集团的物流中心和门店之间的陆运过程也同样力求使纸箱物尽其用。2010年ZARA共使用600万个纸箱，其中超过60%的纸箱质地为再生材料。

在实施绿点体系[①]的国家，使用任何类型的袋子和包装用品都等同于对绿点体系缴费，这确保了绿点体系作为一个针对分类收集、回收废弃包装的综合管理体系具备用于废弃包装的后期处理、循环使用和价值化的资金。

① 在许多欧盟国家，大部分商品包装上印有由两个首尾相追的弧形箭头构成的绿色圆点标志，意为循环利用。任何商品，只要包装上印有这种绿点标志，就表明其生产企业为将来自己产品废弃包装的回收处理缴了费，参与了所谓的商品包装再循环计划。

所有交到顾客手上的纸袋都具备FSC认证[①]。此外，塑料袋的生产材料是D2W——一种可快速进行生物降解从而利于循环使用的合成材料。2010年，Inditex将2亿个具有可回收认证的纸袋交到消费者手中。

① FSC是森林管理委员会Forest Stewardship Council的缩写，它是一个独立的、非赢利性的非政府组织，为具有森林保护意识的公司和组织提供标准制定、商标保证、认可服务和市场准入。

4

ZARA的创新革命

四

ZARA门店模式的全球输出

ZARA持有者兼创始人的事业心绝不局限于1975年开业的第一家门店。阿曼西奥·奥尔特加并不满足于仅在西班牙国内经营ZARA，他从一开始就认为有必要发展、扩大商业网络，开设更多门店以便在全世界范围内联系顾客，向他们销售服饰。因此，ZARA的国际扩张是阿曼西奥·奥尔特加的经营理念之一，被他视为一个个人职业挑战，目标是维持销售、利润、知名度和强化品牌。

必须让全世界认识这个品牌，才能将标志潮流的快时尚倡导坚持下去。其意图是明确的，并且至今仍然行之有效：捍卫并主导“全球时尚”的概念——ZARA是这方面的先驱，并创立了一个保障发展中国家的纺织品供应商获得体面人道待遇的体系，迎合品牌的生产要求。此后，阿曼西奥·奥尔特加希望把ZARA的增长和出口结构模式转移到他创立的其他品牌上。

如今有一组数据可表明这个从数年前开始实施的策略是合理的：在西班牙的销售量目前只占Inditex集团销售量的1/4，该销售量经历了三年的略微下跌，如今正回升。集团内增长速度最快的是亚洲市场。而所有地区的销售额都呈正数增长。本财年计划投资的30%中，有9.5亿欧元将被投向西班牙市场。

ZARA自成立之初起就向公众提供比竞争对手更低廉的价格和耐用性超过一季的服饰，这些都是建立在一个基础条件上：其销售额在西班牙国内和国外的持续增长，尤其是后者。“不论是过去还是现在，我们都不能停止在世界范围内的增长”，公司的一个管理人员如是说，他在奥尔特加担任公司总裁时期就已经开始上班，那时使ZARA扩张和出口到各国的功臣何塞·玛利亚·卡斯特亚诺还仍是奥尔特加的得力助手。阿曼西奥·奥尔特加在2010财年大会向Inditex的股东解释了在全球营业的必要性：

我们集团是一个全球性的公司，业务覆盖近80个国家，拥有八个不同的连锁品牌。近几年的经济局势要求我们要重视这个商业模式的稳固性、灵活适应市场需求的能力和对未来盈利增长的坚定期待。

不过，也许最值得强调的是公司正继续全力专注于改善、拓宽视野，投资额超过了7.5亿欧元，新开设了437家门店。我认为你们对Inditex的期待没有被辜负，毫无疑问，这要感谢许多团队共同对这项事业付出的努力和热情。公司已经具备了长期增长和盈利的基础，而我们要保持一贯的要求水准。不论在创造时装系列还是设计门店、物流系统或任何其他经营活动方面，顾客仍应是我们关注的主要焦点。超过1/3的新店地处亚洲，其中前3家位于印度。鉴于我们的每个连锁品牌系列都畅销于中国、日本、韩国、印度和亚洲地区的其他市场，这几个市场无疑将继续成为接下来几个财年销售量增长的重点努力对象。欧洲也同样汇集了大量各类新店，不论是在西欧市场还是东欧市场，公司的业务也正在显著扩张。这一切都显示Inditex的各品牌的销售量仍极有可能增长。

奥尔特加补充道：

在Inditex在全球其他地区的业务扩张机遇中，澳大利亚已于2011年的前几个月被囊括进来，今年年底（即2011年年底）之前南非也会加入其中。这两个市场都位于南半球，为扩展南半球业务，Inditex会依据季节性差异来开发专门的服装系列。

ZARA根据其创始人的决策，把目光投向了世界时尚潮流的主要市场，朝欧洲国家、日本和美国的方向看。看见了什么？在欧洲大陆生活最舒适的国家和盎格鲁-撒克逊文化圈里，女性们不仅需要平价、舒适的工作服——她们早在二十年前就对这类制服有需求，还需要快速、舒适的潮流时装，打破以往只有富家女才有能力支付符合其品位的昂贵服饰的模式。20世纪80年代的最后几年，ZARA决定向全世界倡导快时尚。

ZARA的国际化道路是一步一步走过来的。这个纺织业巨头通过某种方式避过了经济危机和欧洲的消费缓滞，彰显出国际实力。

同许多西班牙公司一样，Inditex及其品牌ZARA受益于一个在过去20年里成立的、遍布全球的门店网络。仅仅在2011年和2012年，该集团就分别开设了480家和520家门店。很快Inditex在五大洲的门店数量将突破6000家。

ZARA将关注重点投向亚洲国家，因为中国、日本和韩国已成为拉动时装消费的真正引擎，连锁店开进了那些遥远的地区，那里男性和女性的着装以西式风格为主，但他们追求平价。ZARA计划于2012年秋冬季在中国进行在线销售。从2011年起，ZARA已在美国、日本、瑞士、摩纳哥、瑞典、丹麦和挪威实现在线销售。此外，自2011年9月6日起，Inditex集团的其他品牌——Massimo Dutti、Bershka、Pull & Bear、Stradivarius、Oysho和Uterqüe已在欧洲市场的门店网络推广其服装系列。从3月份起，ZARA和ZARA HOME开始在波兰在线销售产品。

那个曾在拉科鲁尼亚派送衬衫的小男孩一直怀着只有遭受过生活苦难的人才会萌生的一个想法。那个小男孩已经成为一名腼腆而谨慎的知名企业家，他的身份标志——以ZARA首当其冲在全球最工业化的各国中广为人知。

1988年第一家ZARA店在波尔图（葡萄牙）开业，紧接着的随后几年ZARA又在伊比利亚半岛、纽约（1989年）和巴黎开设了几家门店，而今ZARA已在82个市场里拥有约1800家门店。

整个欧洲市场是Inditex的所有连锁商业品牌和ZARA优先拓展的地区。ZARA不论在西欧还是在被公司视为有许多盈利增长机会的东欧都颇具影响力。公司利用对欧洲市场的了解推动更年轻化的品牌连锁店每年深入欧洲市场，在尚未涉足的地区开店，从而促进了各品牌的增长。

在亚洲和美洲的扩张

亚洲地区业务的增长对Inditex具有战略性意义，亚洲和欧洲是公司的重点扩张对象。Inditex集团在2010财年显著扩大了其亚洲贸易网络（开设了160家新店），截至2011年1月31日，Inditex在亚洲总共拥有645家门店。在短短的一财年内，Inditex在中国的贸易网络就已翻了一番（开设了75家新店）。它在日本市场开设的13家新店和在韩国开设的12家新店同样令人瞩目，其中Massimo Dutti已在韩国开设了前2家店。因反响热烈和市场潜力巨大而同样引人注目的还有ZARA在印度开设的头几家店。

2010财年，Inditex集团在美洲大陆市场开设了29家店，展现了对全球机遇的把握能力。墨西哥作为Inditex最大的美洲贸易市场，共有15家新店开业，门店总数超过200家。在巴西和哥伦比亚则各有4家新店开业。

不同人群、文化和辈分之间尽管存在差异，但对时尚都怀有一份特殊的敏锐，Inditex之所以能在他们当中收获成功，是因为它相信国界不能阻挡人们共享相同的服饰文化。通常涉足一个新市场的方法是先开设少量门店以摸索某国的市场潜力，而后再设法赢得该国大众的青睐。

自1991年起被并入Inditex集团的新品牌也都具有同ZARA一样的国际视角。事实上，这是该集团的基本特征之一。因此Inidtex的所有品牌在西班牙和其他国家同时壮大。在多数情况下，ZARA是第一个抵达新国家积攒经验的品牌，这些经验有助于其姐妹品牌之后在市场上的立足，同时也加速了新创连锁品牌的国际扩张。

赫苏斯・埃切巴里亚解释了为何要通过开设新店继续扩大业务：

公司没有转向房地产等其他行业，而是一直从源头投资自身业务的扩展，追求卓越品质：公司的所有收益都应用于对自有资源的再投资。公司秉承了无债投资的理念，即无现金无负债。这是我们一贯保持的原则，现在成了应对经济危机的一种优势，不过我们向来坚决反对贪图安逸。这意味着，公司的增长是有机增长，可预见该经营模式被多国顾客接受的广阔前景。

着手收购新店和进行ZARA的国际扩张之后，阿曼西奥・奥尔特加向公司的管理人员传达了有关国际化准则的指令：

ZARA必须像油污一样在世界范围内蔓延。首先我们应该在最主要的城市开店打开知名度，让顾客观赏、购买我们的服饰，而后我们再到临近市中心的地带开店巩固业务。

ZARA的第一家纽约门店在开业时执行一个基础性的重要原则：在这个以“大苹果”著称、位于世界金融心脏、拥有许多行政官和拥有自己穿衣风格的居民的城市里，第一家门店的橱窗必须像一块海绵，一个了解纽约人品味的监听站。ZARA登陆美国的第一阶段相当于做一场了解、分析非欧洲市场潮流的实验。

影响ZARA分析工作的因素有客户类型、客户购买力、存在哪些其他纺织品营销公司、销售渠道和需求变化，由阿曼西奥·奥尔特加亲自上阵监督这些分析工作和批准是否要在某个国家开设门店。

ZARA的加盟制

ZARA从一开始就通过开设自己的门店扩张业务，涉猎全球。然而这些门店都面临一系列成本和管理责任，这促使阿曼西奥·奥尔特加开始考虑开设加盟店或同地方合作伙伴签订协议的可能性。

从商业角度来看，Inditex加盟模式的主要特点是它整合了加盟店与在橱窗设计、产品、人力资源、培训、物流优化等方面自主管理的门店。这种做法能确保Inditex的管理和全球形象能在全球任意国家的顾客面前保持必要的一致性。

ZARA开设的第一家加盟店于1996年入驻塞浦路斯。它采纳了加盟商的方案，为他们提供培训，对他们传授在国土面积和西班牙差不多或小于西班牙的国家的公司经营理念。ZARA在安道尔、波兰、冰岛和一些近东国家开设了加盟店。

加盟商们想要加入一个销售增长有保障的生意，作为回馈，ZARA对他们传授了所有业务重点并进行员工培训，告诉他们倾听和关怀顾客很重要，有利于了解顾客的喜好以便生产新服饰。公司对加盟商们收取占营业总额10%的费用。

2011年，Inditex集团下的5527家店中，有673家属于加盟店。

服装制造和道德准则

Inditex集团2012年的目标是9亿件的年服装生产量，这意味着Inditex在全世界最优秀的供应商必须在最短时间内把制作好的产品从厂家送到销售点。公司仍将继续在阿尔泰修和西班牙的其他生产中心设计ZARA时尚创意的核心内容。

世界上最好的针织面料产于印度，丝绸产于中国，棉花则来自印度或孟加拉国。企业为在最短时间内生产、销售千百万件服饰而不断追求确保原料品质的做法，可能导致在贫穷国家的供应商的下属劳工被侵犯劳动权利。对此，ZARA的营销部发表评论说："如果我们接受这种（侵犯劳工权利）的生产方式，那么我们将会在快时尚或潮流的竞争中落伍：我们需要出色的想法，需要预见出色的想法，这样设计师才能着手设计服饰，服饰才能避开烦琐的流程而迅速抵达门店或终端消费者那里。"

ZARA之所以能迅速进军不同的国家，这与它对地方纺织品供应商的尊重息息相关，从而缩短了服饰从生产到到店上架的时间。对此，ZARA建立了一套行为道德准则和一个尊重、履行国际机构规定的劳动条件的政策。

要控制一个发展中国家的本土企业家，令他遵守工作环境尊严要求——不剥削童工、强迫童工连续十二个多小时缝制衣服是很难办到的。不过，Inditex集团和ZARA能做到定期派各营销部门的负责人去检验企业是否遵守这些社会责任原则。

阿曼西奥·奥尔特加是公司国际化的背后推手，也是公司内部道德规范纲领的签署人。他强调时尚界——尤其是Inditex和ZARA必须遵守这些道德。

为使公司在全球开店的同时也一边在相关道德领域取得进步，他对股东们宣布：

我们仍将继续实行扎根于企业和外界道德意识的两大主要战略核心：环境和社会责任。在社会责任范畴内有两个方面最为突出。首先是我们不懈地努力提高我们自有的产品认证标准——Clear to Wear和Safe to Wear，不断加入更精确的要求，并深化供应商的参与。

奥尔特加总结道：

其次，我们一直要求遵守《行为准则》，在我们的努力下约有75%的供应商在评级体系中摘取了最高分。公司在追求增长的同时应始终保持其道德和环保方面的责任感。

这种可持续战略在社会领域内是以《内部行为准则》和《厂家和供应商行为准则》为核心展开的，而在环保领域内则具体体现为《环保战略计划》。尽管ZARA并未公开这些举措，但它们仍是ZARA积极履行道德准则、规范操作的一个坚实证据。

ZARA和Inditex让外界机构审查其在企业责任范畴内的所有举措，并承诺为审查行动提供最大客观性。对此，一位公司发言人表明：

透明度是Inditex管理中的一个根本价值，它使我们和所有同我们利益相关的机构保持坦诚开放的关系。Inditex在这方面的努力获得了国际认可。

Inditex所有商业活动的开展均以道德和责任为前提，这意味着在我们的产品安全性、供应链控制、纺织品生产的社会环境关系等各领域都采取了相关措施。我们的所有产品都是环保、安全的。公司实施最高国际标准，对顾客确保产品在健康、安全性和道德方面的情况良好。

ZARA的领导层认为应同全球供应商维持一种符合道德的稳定关系。因此，Inditex要求所有供应商一起承担社会责任，共同执行《外部厂商和工作间行为准则》，这是供应商欲同Inditex保持业务关系所必须履行的一项义务。

由外部独立机构定期审查供货商履行《外部厂商和工作间行为准则》的情况，起到监督作用，这是对Inditex的供货商改进项目和在业务所在地促进教育和生活质量提高的社会项目的一种补充。

为参与消除发展中国家的工作虐待现象，ZARA加入了道德贸易组织[①]，该组织汇集了诸多国际营销企业、大型供

① Ethical Trading Initiative（ETI）

应商、工会和非政府组织，目标是改善供应商公司劳工的生活情况。

道德贸易组织成立于1998年，总部在英国，旨在确认、促进关于供应链工作情况的企业行为准则的良好执行，最终目的是确保在英国市场开展贸易的商品供应公司的工作条件符合或超越国际劳动标准。

该国际组织的章程规定其目标是监督国家劳动法和国际劳动法的完成情况，以及通过组织成员共同遵守准则来促进企业履行责任。

这套由所有组织成员签署的准则囊括了有关工资、工作时间、健康和安全、拒用童工、不歧视和其他劳动要求等承诺。加入道德贸易组织还意味着和其他同为成员的企业、工会和非政府组织协作，共同应对改善全球工作条件的挑战。

此外，Inditex自2001年起便拥有属于自己的一套《内部行为准则》以及另一套《外部厂商和工作间行为准则》，它还是联合国秘书处推动的“全球契约”框架的成员。

对此，2005年Inditex签约加入道德贸易组织时的企业社会责任主管哈别·切尔克雷斯曾发表评论：

Inditex长期以来一直致力于改善供应商的工作条件，现在是时候团结为同一目标做努力的其他公司和组织了。道德贸易组织为各公司合作消除导致恶劣工作条件的原因提供了完美的框架。

道德贸易组织的主席丹·里斯说：

一个规模和国际性如Inditex的企业加入道德贸易组织这件事，表明了关于将道德贸易作为企业业务的重要组成部分的敏感度正在增加。能接纳他们为成员，我们感到很高兴。

一家秉持社会公正的国际公司

创造力是ZARA企业社会责任部门的动力引擎，而创新作为变革工具，引导了该部门的所有工作步骤。ZARA在道德领域内更是不留余力地进行创新性努力，这一点显而易见：

我们每年都在加强生产链、同主要合作方对话、关注产品和顾客以及社会责任道义总体方面取得积极进步。

现在，Inditex和ZARA的企业结构比起以往任何时候都更具全球性，这种全球性体现在其门店业务所在国家的数量、10万多名公司员工和生产链上的各供应商和劳动者上。

可持续性是企业运营的一个不可动摇的条件，而全球性是可持续性的基础。每天使企业变得更加可持续化的挑战促使我们富于创意、敢于创新，从而改变企业同社会的关系。

怀此目标，Inditex集团在2000年推动了一项任务：公司的管理者们在阿曼西奥·奥尔特加和他对服装生产全过程所涉社会道德的维护行为的激励下，承诺会遵守人权、劳动权利和社会权利，坚决在服饰上提供最优的质量和服务。

Inditex自2001年通过《内部行为准则》以来，已将准则的价值观连同一个基于三个关键方面——行动的透明度、同合作方的协作和信任，以及对生产过程的不断改进——的战略一同整合进其商业模式里。

这么做的目的是改变其生产活动所在的不发达社会在生

产领域的普遍做法，在全球范围内加强同供应商、员工、雇主和工会、国际组织、民间社会和顾客的关系。

企业社会责任部以将可持续发展的变量引入生产链为目标来开展其所有项目。在最近十年里，ZARA领悟到社会审核不是一个目标，而应是一个更广泛的流程的组成部分，可使供应商劳动场所的工作条件发生可量化的变化。

为全面了解供应商并帮助他们改善生产情况，Inditex开发了用于实施和监督生产链可持续发展战略的工具，其中最出色的是Tested to Wear（社会审核的方法）、Clear to Wear（产品健康标准）和Safe to Wear（最终产品的安全标准）。

这些工具的内部管理是通过所谓的企业DNA实现的，一方面整合了企业社会责任部从供应商那里搜集来的信息，另一方面促进了内部采购团队对这些信息进行分析。

根据协议，Inditex和ZARA在全球所有地方的供应商和外部工作间均必须遵守《外部厂家和工作间行为准则》的规定。

对此，阿尼尔·佩沙瓦——一家ZARA和Inditex集团服饰供应企业的老总表示：

在Inditex企业社会责任部地方团队的帮助和支持下，我们在履行《外部厂家和工作间行为准则》方面取得了长足进展。在不久的将来，我们的视野和目标是联合社会政策的履行和生产力的提升，同时通过不断培训来强化我们员工的能力。

Inditex在发展中国家采取劳动权利方面的举措的实例中以印度和孟加拉国最具代表性。在印度，ZARA的管理人员们对76家供应商进行了设备改善、《Inditex行为准则》内容和分包流程监控方面的培训。他们和其他公司共同参与Brands Ethical Working Group，旨在避免对共有的供应商重复进行社会审核和支持同一地域的供应商开展合作。此外，ZARA还同印度国家时尚技术学院签约，吸纳不久前刚获Inditex企业社会责任部认可的公司，参与同厂商合作开展的专门项目。

在孟加拉国，ZARA为Inditex在该国的内部采购团队进行授课培训，目的是吸引供应商参与公司的跟踪项目。ZARA还在当地培养了一个Tested to Wear控制流程和社会审核方面的专业团队，Sonargaon项目已投入运行，以确定孟加拉国重点供应商的价值链总额和检验他们对《行为准则》的履行程度。SAQ[①]项目也同样值得关注，它是一个同国际劳工组织合作开展的项目，目的是在孟加拉国的劳工和供应商管理层之间建立成熟的劳资关系。

服装制造中的健康保障

ZARA在其国际项目和国内项目中推动社会责任感的另一证据，是ZARA所采取的一个旨在避免服装制作中所使用的化学产品对人体健康造成伤害的方案，ZARA的所有服装生产供应商都必须实施该方案。

Inditex的产品政策保证了所有被售产品均不会对使用者造成任何健康或安全风险。为此，Inditex推动产品安全领域的技术革新，并同生产链上的所有外部厂家和工作间共享这些成果，在顾客的健康和安全方面创建、实施了两套所有供

① SAQ是自我评估问卷Self Assessment Questionnaires的英文缩写。

应商都必须遵守的内部标准。

这项战略是以生产价值链上的所有机构——包括设计师、内部采购团队、供应商、厂家、监督机构和企业社会责任部的集体参与为基础。阿曼西奥·奥尔特加奉行的原则是：一件安全的产品应始于负责任的设计，终于正确的商品化方法。

Inditex的所有供应商都必须遵守该集团于2006年同圣地亚哥—德孔波斯特拉大学合作创建的Clear to Wear和Safe to Wear标准体系，这两套标准不断地经历发展、更新，配合最严格的健康和安全法规。为了不断更新，ZARA在成立Clear to Wear和Safe to Wear工作小组等基础上不断改进流程、步骤和产品，通过对话促使供应商和厂家遵守标准的规定范围并替换掉同标准不兼容的生产流程。

自2007年设立Clean to Wear和Safe to Wear标准以来，Inditex集团的ZARA社会敏感度部门适应顾客安全和健康的生产规范和步骤方面的经验正不断丰富。

作为相应成果，有70000多项化学分析取得进展，外部分析监督员的数量增至原来的1.16倍。所有为ZARA生产服饰的厂家都必须实施有关遵守CPSIA（美国）、Self Regulatory Safety Confirmation Act和Safety Quality Mark Act（韩国）的分析与监督管理办法，以保证在生产会接触人体皮肤的服装的过程中遵守了相关健康规定，并盖一个质检章作为凭据。

ZARA同达卡大学（孟加拉国）签署了合作协议，为孟加拉国供应商建立一个产品健康与安全的框架（Pin Standard Project），并对鞋类、配饰和有机棉质地的服装实行顾客安全保护协议。

ZARA参与的人道主义项目

ZARA在发展中国家开展的鲜为人知的社会行动之一是它和不同的非政府组织合作的人道主义项目，这是阿曼西奥·奥尔特加的个人决定。

2008年，他授意公司的领导层同无国界医生组织签署一项合作协议，以参与主要在非洲开展的援助项目。

协议签署后启动的第一个联合项目是资助西班牙无国界医生组织在索马里（非洲）的医疗保健项目，Inditex同意注资150万欧元。

索马里自二十多年前起就一直是无政府国家，部落之间发生残酷的内战，每天有成千上万的儿童、妇女和老人死于战争。暴力、全体人口的颠沛流离和基础设施的严重受损引发了周期性营养不良危机，这里拥有全世界最糟糕的健康指数。

有了合作协议后，无国界医生组织还成了Inditex的社会责任的行动方针的起草机构——社会理事会的顾问。

Inditex和无国界医生组织的索马里项目的目标是改善乔哈尔和马哈代——在首都摩加迪沙以北60公里、居民人口为17.5万的两座城市的基本医疗保健情况。

在ZARA的资助下，该索马里人道主义援助项目旨在满足该国流离失所者的医疗需求。

他们创建孕产妇和儿童健康服务，把产妇死亡率降低了2.07%。此外，儿童死亡率也被降低了1.67%。他们完成了27083例产前检查，协助1740例分娩。另外，他们还处理了

77760例有关五岁以下儿童的咨询，25801例有关五岁以上儿童和成人的咨询。

此外，他们发起了一项活动，为1769名育龄妇女接种了破伤风疫苗，为一岁以下的幼儿接种麻疹疫苗，并为46186名五岁以下儿童制订免疫方案。

他们还开展了一项减少五岁以下儿童严重急性营养不良发病率和死亡率的活动，该活动在营养疗法门诊中心和营养补充中心的覆盖率分别为179%和94%，并接收了1269名儿童加入门诊治疗计划。同时，他们共诊断了129例结核病，为病人建立了治愈率为100%的医疗服务。

采取措施抵御和治疗结核病、黑热病等被忽视的其他疾病使该项目获得进一步完善。项目团队由109名专业人员组成，其中100人是索马里人。

但这个项目并不是ZARA和Inditex集团在最近十年参与的唯一一个人道主义项目。ZARA阿尔泰修总部服装包装与分类工作间的一名女员工愉快地描述了阿曼西奥·奥尔特加在协作、援助遭受自然灾害的贫穷国家方面体现出的人道主义精神：

事情令人难以置信。2010年海地地震过后，我们被召集到一起开会，然后得知我们将援助受灾者。在一家具有社会援助精神、把原本只和时装品牌挂钩的形象变得更丰满的公司里工作感觉很好。

2010年，ZARA决定为海地的援助重建项目捐赠200万欧元。这项援助是通过经常和Inditex进行社会行动项目合作、在海地有驻点的主要国际组织展开的。悲剧方始，ZARA便已早早联络这些组织，了解它们的需求和最需要援助的地区，没过几天ZARA就为相关项目捐款。

ZARA也援助过摩洛哥和柬埔寨，在那里有ZARA的生产中心和纺织品营销中心。Inditex在摩洛哥同无国界医生组织合作的项目，旨在改善南撒哈拉沙漠移民的健康状况和参与改善乌季达农村地区的健康和生活条件。Inditex在这个位于马格里布地区的国家开展了诸多援助活动，其中直接医疗援助的成果较为显著：流动诊所完成了2568例门诊，健康中心和医院的医疗案例得到了百分百满意的解决，健康中心的预防和治疗护理取得进展。这些措施使66%的受诊妇女接受了产前检查，援助团队所接触的儿童全部参与了全面疫苗接种项目，成果可喜。

有关心理健康的会议举办过50多次，受益者人数过700，一些预防心理问题的活动随之展开。为了改善在摩洛哥的南撒哈拉沙漠移民的生活条件，Inditex为60%的移民争取到体面的住宅，并分发了2262条毯子、1494块塑料防水油布、2668个卫生用品包、671个御寒包、218件大衣等。Inditex为南撒哈拉沙漠移民发出呼吁，获得当地媒体的支持，目的是提高摩洛哥群众的觉悟，加强他们对这些移民的包容度。

另一方面，Inditex和Caritas合作在柬埔寨的马德望市和暹粒市开展了为期41个月的社区健康计划，2010年该计划的受益者数量达97796人。该计划通过社区参与和基础健康培训完善了社会医疗卫生体系。

该计划包含的活动有：针对一岁以下儿童和孕妇的免疫项目，疫苗项目，预防艾滋病、结核病和其他传染病。此外，Inditex在柬埔寨还实行了一系列的其他项目，致力于改善孕产妇和儿童健康、减少传染病发生率、通过供应每日早餐改善该地区10所学校儿童的营养状况和改善整体医疗保健服务。

2001年，阿曼西奥·奥尔特加基金会开始运作，它是一个私人性质的非营利机构，旨在推动文化、教育、研究和科学领域的各类活动。该基金会不同Inditex的任何业务挂钩，它的创立只是Inditex创始人的个人举动。

5

ZARA的创新革命

五

制衣间和顾客之间无中间商

ZARA处于国际化进程的同时，还巩固了一个经深思熟虑后建立的营销和物流系统，最大限度地简化了服装生产到入店待售之间的环节。

这个知易行难的系统是ZARA创始者的另一项成就，他于ZARA在全球各大城市开业的同时实施并改进它。事实证明这个构想对服装设计、制造和店内销售具有积极作用。这个系统越是完善，就能生产越多服装，公司业务随之增长及扩张。

这个系统的成功要归功于阿曼西奥·奥尔特加的创造力和远见，在ZARA刚现身时装界时他的构想可谓前无古人：把布料的仓储、服装的设计和裁剪合并到贸易业务中——恰好同他在拉科鲁尼亚加拉衬衫店当送货员时的做法一样，并雇用快速灵活的服装作坊，自主经营的服装作坊分包了ZARA订单中的一大部分。只要再对该过程进行质量监控，就可获得理想的成效。

这个跨国纺织品公司的成功根基在于按需销售和尽可能地缩短所耗时间，因此它得以屹立在全球快时尚的最高领奖台。ZARA的门店每周重新摆放商品两次，店里的货架上总有新服饰。

阿曼西奥·奥尔特加一贯捍卫的原则之一是：Inditex每天都该有变化。对于集团下的诸多品牌包括ZARA在内，不断推陈出新是家常便饭。从他决定开设第一家ZARA门店时起，一直推崇的理念就是应由顾客告诉设计师他们想穿什么，反之则行不通。

为此，有数百人在大半个世界追踪寻觅即将涌现的潮流，而另外数百人则负责关注门店里售出的、未售出的和顾客想买却没买到的衣服，最后一类尤其重要。Inditex因而得以发挥全部潜力，门店里的一些衬衫在两周前还只是一纸草图，然后它们被快速转化为实际成果出现在ZARA遍布全球的1700家门店里。

一件衬衫，从设计到在门店里呈现给公众，这当中需要经过哪些步骤？ZARA的生产、营销和物流系统有何独到之处？

一家ZARA店里的每件衣服和配饰都经历过一个旨在最大化简化商品到店前的生产步骤总数的流程。

当我们选择购买一件罩衫、一条裤子或一件衬衫时，我们应该跳转到服饰创作之初来了解ZARA使用什么办法去摸清顾客的品位。

获取服装设计信息的一个关键就是观察社会环境。在特定的餐厅、音乐会和聚会点人们一般穿什么样的衣服？要迎合社会对服装的需求，观察必不可少，因为观察有助于预测潮流，正如ZARA的一位管理人员所评论的："要看一件衣服是否广受欢迎，然后去生产成千上万件，做到营销成本最低，价格平易近人。"

然而，还存在其他一些有助于良好地回应这种需求的决定性因素。

服装设计理念第一部分的诞生远早于销售，这意味着要预先生产新服装系列，把它们投入市场，等待市场接受它们。然而ZARA并不像其他纺织品营销大牌那样一年发布两个时装系列，而是为公众提供一个潮流趋势，若收效佳才最大限度地开发它，并在所有门店里出售。

让我们来看看ZARA的创作和营销过程同其他时尚连锁店有何不同。

时装系列VS时装季：ZARA的重大举措

通常一家时装公司的服装循环周期始于一个设计师团队或设计师，他们负责设计一年半之后将出售的时装系列，所有大型服饰连锁店都这么做。先创作概念，再生产出成品，生产时间远早于预计出售时间。之后把成品呈献给公众舆论和杂志，使人们了解一年两个时装季——春夏季（9月份推出）和秋冬季（2月份推出）的情况。然后顾客进行购买，循环周期以打折告终。

不论是ZARA还是Inditex集团都没有采取这种方式推送时装系列。阿曼西奥·奥尔特加创立了一个不同的做法，成了所有想达到销售领导水准的人们的学习榜样。ZARA专注于顾客行为，以顾客在门店所做的决定为依据。这就是差异所在。

从顾客那里搜集到信息后，在阿尔泰修总部里专注于思考什么样的衣服将成为时尚潮流的设计师和创作者们便会研究这些信息，开始做决策。他们的工作几乎万无一失，以门店里销售的款式为基础采取决策以启动生产，服装生产周期随着衣服到店而继续循环下去。

和传统服装营销不同的是，ZARA的款式没有时装季度之分，时装系列是存在的，但是服装生产周期的循环一直不断运转，不会停止。ZARA的领导层解释了这个周期：

我们每周向门店运送两次新服装系列，这个周期很短，从知道门店最畅销的服装情况到生产出新的款式，基本款的衣服耗时三周，而其他更精致的衣服则要再多花费几周。能否实现这个目标，一半取决于供货迅速，一半取决于欧洲制造：我们的服装产自西班牙、葡萄牙以及摩洛哥和土耳其局部。这是具有最大价值的生产：产品最为时尚。一些厂家包下一揽子活儿，另外一些厂家在欧洲之外完成部分组装。

Inditex集团独创了一个完美平衡产品、价格、销售和传播的模式。传播是通过橱窗和顾客漫步全球大街时所拎的包装袋来完成的。口碑就是最好的广告。

赫苏斯·埃切巴里亚认同阿曼西奥·奥尔特加对这一模式的独特贡献：

在20世纪70年代末ZARA出现之前，纺织品行业的流程走向和现在不同：提前一年多开始构思、设计时装系列，而后花三个月时间生产，最后商品被转交给经销商，他们每季度发1～2次货给门店。这其中涉及了三个主要风险：囤货严重，预测的时装系列可能无法在市场胜出，供应链中所有步骤所涉及的利润导致产品价格缺乏竞争力。

奥尔特加从一开始就看出这个冗长僵化的生产过程同作为供应链重点对象，却经常被忽视或根本不受任何重视的终端消费者之间的距离明显太长。他作为Inditex的创始人想先整合设计和生产，而后由自己的门店营销产品，以此完善供应链，把顾客变成得天独厚的信息来源，而非单纯的商品受众。

那些年，当阿曼西奥·奥尔特加正在绘制自己的宏伟计划时，时装贸易陷入了年度周期性的窘境。当时有春夏和秋冬两个时装季，每个时装季为期四个月，而后是两个月的打折期，分别在一二月和七八月。

时装贸易商、经销商在比时装季提前九个多月的时候挑货，那时正是厂家在时装舞台上和陈列室里（这是为展示服装图录而临时搭建的场地）呈现下一季新作的时候。在那里，贸易商、经销商们就得为九个月后呈现给公众的商品做决定，即所有待售的服饰的所有决定都在那时被一锤定音。

如果他们下对了订单，就会在时装季过半时面临商店里最畅销的产品供不应求的风险；如果他们下错了订单，那么后果更加严重，那些时装季里滞销的商品很可能在打折期内不论折扣多大都甩卖不出去；如果商品在打折期甩卖不出去，与其把它们送去仓库储存八个月，直到下一个时装季到来时再把它们重新放回店面占据本该属于新款商品的位置，倒不如把它们烧掉。

这种机制看起来很死板，服装设计师必须知道订单后才能制造商品，生意旺季总是一年两次。在这种情况下，一个贸易商所收获的最理想成果是在他经营管理完美的前提下商品周转顺利、每年盆满钵满地赚两回：这意味着对两个时装季的预测必须准确。这是不现实的，尤其是在他同时还要争取尽可能拉高销量的情况下。

时装季刚开始时人们有强烈的意愿去逛商店。“春至英国宫①！”许多折扣广告这样宣传，总是引来大量西班牙消费者。然而，当消费者逛过一次商店后，再逛第二次——如果有第二次的话，却总是失望：怎么还是一样的店！四个月里一成不变！太没劲了。“如何破除僵局？没人有好主意。没人吗？不！阿曼西奥·奥尔特加先生正在思考对策呢。”在拉科鲁尼亚研究ZARA生产体系的古斯塔沃·玛塔·费尔南德斯·巴尔布艾纳教授说道。

解决之道在于发掘全世界顾客的品位，通过ZARA即将投产的服装来回应这些品味。因此，ZARA每天都在全球监

① “英国宫”是西班牙著名的连锁百货商场。

测新时尚潮流诞生的环境：在悉尼最时髦的社区，在巴黎华丽的香榭丽舍大街，在伦敦或旧金山，在马德里或巴塞罗那的高档区和流行区，在东京最“in”的地方，在墨西哥城最光鲜的社区，在世界上任意一个标榜潮流先锋的首都。

ZARA细致地观察所有处于竞争中的门店、制衣商的每间展示厅或每个时装舞台秀。此外，在门店里的每种尺寸、每种颜色的每款衣服也被密切监控，所有衣服都在统一的实时监控中。

ZARA时装系列的成功秘诀在于观察、吸收时尚潮流的不断变化，时刻设计响应顾客期望的款式。Inditex利用灵活的经营模式来适应时装季中可能出现的变化，从而在最短的时间内在门店推出新产品以应对这些变化。

每个时装季的款式由不同连锁店的创作团队合力开发，2011年共有3万多款。300多名设计师（其中200名只专注于ZARA）从门店搜集信息，把市场上最火爆的时尚潮流和顾客作为主要的灵感来源。对此，古斯塔沃·玛塔·费尔南德斯·巴尔布艾纳教授指出：

每家门店的经理负责评审公司总部推荐的商品。整个公司都是围绕他们运转的，要考虑他们的要求，每个服装样本都要向他们报批。这样，他们就能根据每家门店特定顾客的特别潮流趋势来调整其商品供应。

为保证响应速度，必须整合设计和拥有布料。

ZARA是Inditex旗下最大的连锁品牌，其中一个时装系列命名为“基本款”——那些不会过时的衣服在生产总量中约占60%。

40%~50%的服装是纺织品行业里所谓的“投机款”，它们在门店里只能停留15天，企图唤来顾客的注意力从而制造需求。这样，期待新衣服的顾客有时间衡量、打量他们感兴趣的产品，过15天后再回店里了解该品牌推出了哪些新潮流。

这就是吸引顾客就近重返门店的办法，在顾客身上播种了解新衣服、新设计、新颜色的期待。

Inditex身怀绝技，能使自己的品牌区别于其他服饰连锁品牌。服装可以流转于相近的几家门店之间，门店里的款式是由被称作“实验室”的生产中心精心研发的。

如果没有那些在服装业活力四射的国家里不断耕耘的时尚捕捉者，这一切将不复现实。如果说时尚是全球化的，那么ZARA亦然。该口号指引着这家被定义为多元文化、跨国界的纺织品公司走向扩张。

根据IESE商学院维克多·马汀内斯·德·阿尔贝尼兹教授的观点，ZARA的生产体系是基于不断创新的政策，不论是在产品设计方面还是在门店橱窗的展示方式方面：

ZARA开展的是一种不断创新的政策。这个行业传统上每六个月推出一个新服装系列，但Inditex旗下的品牌却在一二月份和在八九月份之间用充分的产品引入新的服装季，依此循环。在服装季中不断根据顾客的需求推出新设计（尤其是流行时装，但也有一些基本款）。这是“摊主”而不是一个品牌的做法。也就是说，它希望门店里供应的是卖得出去的货，而不是先设计或生产产品，后面再设法出售。它选择生产顾客所需的产品，不强推设计师的想法。按行业术语来说，这是“拉动”，而非“推动”。它有一群业务员负责查看销售情况、判断什么产品有需求，然后才设计、生产和配送。

生产、物流和配送

配送体系同生产体系一起配合ZARA门店的需求。若要每周引进新衣服并重新摆放原有的时装系列，需要有一套灵活高效的配送体系。为此，Inditex给每一个连锁系列配备了一个（或几个——ZARA便是一例）配送中心，由配送中心每周向各门店发货。

Inditex全权拥有的这些物流平台是配送的关键，被下单的服装和新款式在短短两天内就能被送达全球任意一个地方（若是欧洲店只需24小时，若是美洲或亚洲店则需48小时）。

Inditex在西班牙共有十个此类配送中心，分别位于（加利西亚的）阿尔泰修和纳荣、（莱昂的）翁索尼利亚、（马德里的）梅科、（巴塞罗那的）托尔德拉、帕拉佛斯和萨连特·德·略弗雷加特、萨拉戈萨和埃尔切。它们的面积加起来超过100万平方米，相当于132个足球场。

所有服装不论产地是哪里，都需被送进这些物流平台。自动配送体系利用邮件分类和机场的行李传送带把产品装箱，箱子上有每家门店的地址，而后立即配送。这样的配送每两天进行一次，因此门店能不断推出新服装。

一种被称作“适时反应战略（Just in time）”或“快时尚（Fast fashion）”的生产方式被用于配合这个配送体系，操作手法利大于弊：即时按需生产大部分服装，这些都是马上要上架售卖的服装；因为没有实际存货，几乎不存在仓储成本；如果一个产品没有销路，造成的问题也是最轻的；短短几周时间里彻底更新大部分服装，每款服装的产量有限。商品绝对是新鲜的，门店亦是。

面料的时尚潮流变化较服装制作更易预测。在阿尔泰修，每天有130000平方米面料被标记、裁剪。裁好的面料和相应的配件被送往一个裁缝铺网络——其中一些裁缝铺是自由的，其余是分包的，裁缝铺做出衣服成品，把它们送回公司总部接受检查、熨烫和包装，而后配送到各门店。要做到这一切，同样需要一个无比复杂的物流网。

16个厂家通过200多公里的铁路与物流中心相连，每周配送200多万件服装。前往欧洲市场靠的是陆运——因此有一个新的物流中心开设在萨拉戈萨，而前往全球其他市场靠的则是空运。

不论在每座城市最好的一个或几个商业区开店有多么困难，Inditex总是耐心等待最佳机遇出现，以获取最优惠的价格。

对于Inditex集团，时间是凌驾于生产成本之上的主要思考因素。

集团自有的工厂负责生产一大部分产品，尤其是那些融合了时尚因素的服装。Inditex直接提供面料、商标和裁剪图以及服装的最后加工，把制衣工作分包给专业公司，它们大多位于伊比利亚半岛的西北部。

不论是自行生产还是靠外部供应商品，主要生产活动总是就近开展，这么做有利于快速应对市场。

在外部供应商中，欧洲占了较高比例，许多情况下这些供应商也从Inditex那里获取面料和服装生产所需的其他的配件。所有产品不论产地，统一由各连锁品牌的物流中心接收，再频繁地同步配送到全球各店。

Inditex的所有连锁品牌都具备自己的设计师和业务员团队，如今Inditex拥有1000多名致力于设计和产品开发的专业人员。截至2011年1月31日，Inditex共有1337家合作供应商，Inditex同他们保持了守道德、负责任、受《外部厂家和工作间行为准则》制约的稳定关系。

赫苏斯·埃切巴里亚突出强调了Inditex，尤其是ZARA，要求生产地点尽量靠近配送中心，以便在尽可能短的时间内为门店供货：

产品最主要的部分仍然是在西班牙生产的。常常会有人说和同行业的其他商家相比，我们的生产更昂贵。分析师和投资者总是认为在西班牙或其他欧洲国家进行生产所耗费的劳动力成本更高，然而对于我们以及我们的商业模式而言，生产中心一定要尽量就近，并遵循我们把控的生产速度和产品质量。

这种形势下我们必须了解供应商，因为生产是和销售紧密相连的，它所带来的是消费者的高度忠诚，是高销售量，这也正是我们生产模式的根基所在。时间已经证明了我们的做法是正确的。我们不能把鸡蛋全部放在同一个篮子里；我们的生产形式是分散的，但我们的生产中心距离供应商很近。

供应商集群

在这条精心打造的生产配送链上，Inditex集团雇用的各路原材料供应商起了决定性作用。

Inditex自2006年起开始发展集群结构式的生产链管理，由供应商、厂家、工会、商业协会和国际买家组成工作团队，他们之间相互关联，拥有在同一战略区域内为Inditex商业模式的发展创造可持续生产环境的共同目标。

所有参与者都运用自己的能力和工具，为制定和实施国家与国际基本劳动标准，促进各合作方之间的产业关系成熟化，研究提高生产力的创造性、创新性的办法等战略领域寻找解决方法。

该模式的根本目标是供应商的可持续发展，在遵守人权和劳动权的基础框架内拓展供应商的竞争潜力。近年来对

Inditex而言，供应商集群的分量有所加重，在该集团的生产总量中所占比重超过80%。

对供应商集群的合理管理使Inditex得以深入了解其生产链发展的情况。

Inditex通过供应商集群为所有业务合作者开辟了一个对话框架，这是一个增加他们对生产链的认识和经验的平台，终极目标是激励供应商在合理盈利、工作条件适当的情况下提供定价合理的优秀产品。ZARA对分布在葡萄牙、土耳其、印度、孟加拉国和摩洛哥等国的供应商实施了这些方针。

在葡萄牙，ZARA对当地供应商进行了有关Tested to Wear标准的社会审核的培训，这促使公司同（波尔图）葡萄牙天主教大学达成了一项关于社会审核的培训合作协议。ZARA还同米尼奥大学和葡萄牙纺织企业工会ANIVEC/APIV合作，推动一项建立葡萄牙纺织品和服装公司社会责任感的项目，该项目包括制定一些经营管理指标，用于确定一家供应商对“企业社会责任和道德”原则的遵守程度。

在土耳其，ZARA同样培养了审核员，并对4家供应商和16家厂商就改善对分包过程的设施和监控等行为准则内的要点做了培训。

在印度，ZARA对其内部采购团队就关于使供应商参与追踪项目的内容做了培训，同时也对供应商们进行培训。

在摩洛哥，最近十年实施的社会审核有利于公司制定和执行一个工作计划，以确认该国北部供应商的第二生产线总量，以及检验他们对行为准则的履行程度。

供应商集群的支持有利于ZARA确保生产线在运行和向连锁店配送的同时遵守相关道德标准和社会标准。这个生产体系成了产业创新领域的模范。胡安·拉米斯曾对ZARA和Inditex集团的物流链做过深度研究，他对此发表评论：

> 这条生产供给链是种创新，它成就了一种同时为顾客和公司股东创造价值的双赢组合。Inditex的主要创新在于流程的创新，从而赢得很大的灵活性，有能力在短短几周内向市场推出新时装系列。

拉米斯教授还强调，理解ZARA的商业模式的最佳参考对象是乔治城大学的卡斯拉·费尔道斯教授，他提出要实现这种灵活性的三个关键点：Inditex所有团队之间不间断的信息流动（从门店到设计、采购、生产等）、连锁店稳定运转的节奏（下单和配送的固定时间和固定期限）和能耗少。物流方面组合了流程创新和技术创新，很有意思。拉米斯说，Inditex想创建一种邮件配送体系，实现一种完全新颖的物流方式：

其他公司的问题是使物流从属于已有的信息系统。Inditex则灵活处理其需求，先设想物流目标，设计物流链，最后才开发相应的信息系统，以利于物流系统的良好运转。

ZARA的生产和配送系统的特色在于对环境、市场潮流和实时销售数据的出色追踪，形成了一种难以模仿的竞争力：内部沟通、文化、阿曼西奥·奥尔特加的领导和个人经验、以流程创新为主导、适应作为成熟经济产业之一的纺织业的创新组合。拉米斯教授认为这几个因素之间的完美结合令人惊叹：令我印象最深的是这种结合，像是把所有零件组装在一起以获得最佳的生产灵活性，此外其价值定位也完全准确。

6

ZARA的创新革命

六

阿曼西奥·奥尔特加在ZARA留下的个人足迹

在位于拉科鲁尼亚工业园区的Inditex总部里，设计师们穿梭其间，任何一个设计师不论多么举足轻重，都可能在擦肩而过时被默然忽视。这里作为ZARA品牌的企业心脏，没有把员工们根据职责高低隔开的办公室，也没有报到或打卡用的门或机器，而是在一个透明区域里设有一个大走廊，来自60多个国家的创意者、裁缝师、摄影师、橱窗设计师、室内设计师和服装设计师——他们有的来自诸如东京、伦敦、巴黎、新加坡、纽约或米兰等遥远的城市——同衬衫、鞋子、罩衫、裤子、样品以及未来将被全球几百万号人穿在身上的衣服的草图共处一室。

这里很热闹，二十多岁的年轻人来来往往，还有几个人是而立之年，他们顶着黑人发型或用发胶打造出的传奇的乡村摇滚风格发型，穿着绿色或艳红色衣服和最时尚的高跟鞋，戴着板材眼镜……他们当中有一个用手检验丝绸、棉、麻和莱卡布料的白发男人引人注目，他身着白衬衫和浅褐色的码头工人裤，没有佩戴领带，穿着舒适的无系带鞋子。他就是阿曼西奥·奥尔特加。

怀着一身热情和工作欲望，比起和公司的高层人员碰头，他更喜欢继续发挥创造力。虽然他已经不像当初那样参与制衣或直接下达命令，但他仍喜欢亲临工作现场，他的现身不是为了给别人留下印象，而是为了出点子、评论、领悟和继续学习。

他从父母那里继承了勤奋和负责任的职业价值观，因为这是他能够出人头地、每天有口饭吃的唯一途径。阿曼西奥·奥尔特加坚强而易于沟通的性格正是在这种贫困环境中塑造的。尽管如今他成为全球富豪之一，但是他没有忘记自己是从底层发家的，他深知克服各种日常困难的不易。

一个负责设计儿童服装的24岁年轻人评价阿曼西奥·奥尔特加说：

他为人朴素、平常，你可以在拉科鲁尼亚看到他在散步；他不过是你可能在Inditex阿尔泰修总部任何一处撞见的一名员工。

当我得知阿曼西奥·奥尔特加花时间参与新的服装设计、确认布料样品的质量和质地、检查校正将在ZARA出售的裤子和衬衫的模型，又听闻他关切地了解世界上什么潮流品在这家或那家店最畅销，我猜想这位企业家的内心一定涌动着某种特殊的东西。

一些员工强调他在传达竞争必要性方面具有不凡能力，竞争对于改进和生产顾客所需商品是不可或缺的。正因如此，他被视作一名普及时尚、把时尚转变为大众产品的企业家。

正如电影《公民凯恩》刻画了奥逊·威尔斯的不朽形象，讲述了他作为传媒大亨从理想主义和社会服务精神起步发展的职业生涯，我们也可以说“公民奥尔特加”雄心勃勃地引导了全球时尚。Inditex这个拥有数百万名受众的贸易业务至今仍然维持着一个三十年不变的基本原则：按需供货。要做到这一点，就必须在之前走上街头，了解其他人在做什么，刻苦工作，正如一名未满三十岁的设计师所解释的那样：

这是个持续不断的过程，要为迎合顾客的需求而不断思考，而且思路要对，要能正确判断需求，才能在最短时间内反应、使商品在门店就位。奥尔特加先生每天都在这里，当你见到他时，他会问你："这家门店的销售情况如何？哪条裤子不受欢迎？"然后他会离开以方便我们工作，但我们能一直感受到那股压力。

设计师在电脑上接收以电话或报告形式发送的相关数据，而后进行处理。一切被规范得井井有条，以了解什么商品被购买、什么商品不再出售、哪些建议被提出。所有信息被分析完毕后必须共享，被用于创造将在ZARA和Inditex其他七个品牌的门店里引领时尚潮流的衣服和配饰。

这些必须履行的基本原则使得全体员工享有平等待遇，甚至做决策的权责也被下放给了员工。从三十年前起这就已是常态。然而凡事都有一个起源，都有一个关于"为什么"的问题，问题的答案体现了ZARA非凡事业的创始人的个人成长历程。

不论是在罗马还是在纽约的ZARA新店开幕式上，人们都很难看见阿曼西奥·奥尔特加和惯于参加行业盛事的其他大牌时尚公司的领导人或创意者并肩出现，这是因为阿曼西奥·奥尔特加喜欢保护隐私，躲避相机、聚光灯和媒体采访。

他的日常工作就是确认ZARA运转正常并以无可阻挡的步伐壮大。这意味着要求和责任，即以一个富有竞争力的明确理念实现每天的自我超越。他的其中一名员工说："奥尔特加老板如果不是在出差或是开会，那他就会在阿尔泰修开启一天的工作。"

是什么促使这位身家数十亿欧元之人如此专注于工作？是什么促使他在本可以很早就偃旗息鼓的情况下却选择了继续工作？

答案要追溯到他卑微的出身，坚忍不拔的性格，以及毫无疑问，在西班牙内战后充满饥饿和工作动荡的时期背井离乡迁居至加利西亚的一个工人家庭长人的人生经历。

伊比利亚半岛北端——尤其是拉科鲁尼亚承受着来自大

西洋的风暴和湿冷空气的袭击，这种特殊的恶劣天气对奥尔特加在服饰领域的事业的起航具有重要影响。

他一直努力预测男人们和女人们对舒适、方便的衣服的需求和品味，这一点后来体现在第一家ZARA店的成立上。然而更重要的是，他从一开始就清楚地知道自己是谁、自己想要什么和未来向哪里前进。

一个公司诞生的背后总有一个提议，它是一个想法的成果，而非源于偶然。这个成果固然来之不易，然而当想法已经成熟，再加上一丝直觉和巨大的决心，目标就会逐渐浮现并随着时间推移而开花结果。

也许阿曼西奥·奥尔特加从未料及自己将会创建一个年收入130亿欧元、员工多达10万人的服饰“帝国”。聚焦经济资讯的彭博通讯社估测阿曼西奥·奥尔特加在2012年的个人财产为395亿美元（314亿欧元），是西班牙首富，位列欧洲第一，世界第四。

奥尔特加作为Inditex集团总资本的最大股东，2011年从Indtex的盈利中赚取了6.65亿欧元。

阿曼西奥·奥尔特加自1975年创建ZARA起所传递的价

值观至今仍行之有效。正因如此，公司的领导层一直对他心怀感激。2012年7月的Inditex股东大会上，于2011年接替阿曼西奥·奥尔特加的Inditex现任总裁巴布罗·伊斯拉在谈及其前任的个人经历时说了以下的话：

我希望在这篇致辞的开头先谈谈2011年对于我们Inditex集团全体成员的重要性。从个人角度来讲，我很荣幸能够接替阿曼西奥·奥尔特加担任公司的总裁。

Inditex是一支伟大的队伍数十年如一日地努力奋斗及形成共有价值观的成果。这支队伍和这些价值观无疑是本集团最珍贵的财富，是集团在未来继续屹立不倒的根基，是鼓舞每个新进公司的团队出色完成工作、进行优异操作的保证。今年我可以高兴地宣布我们新吸收了约1万人，现在本集团共有11万名成员。

2011年1月，阿曼西奥·奥尔特加发表了一封信宣布辞去Inditex总裁的职位。他把全部资产汇集到Ponte Gadea公司名下，以投资房地产为主，集中在马德里和巴塞罗那，此外他还在其他5个欧洲国家首都（巴黎、柏林、罗马、里斯本和伦敦）拥有不动产。

阿曼西奥·奥尔特加是典型的自我成长型企业家，他的私人生活甚至职业生活被小心翼翼地保护起来，以至于到1999年9月15日当他借由Inditex的第一份报告现身社会时，直到报告的第7页才出现他的名字。那时有许多人质疑他的存在，另一些人则揣测着他长什么模样，而现在他已成为全球最富盛名的经济院校研究的对象。

阿曼西奥·奥尔特加传达了什么信息？他对ZARA的日常运转、同员工和合作者的关系留下过哪些印记？他留在ZARA的突出印记包括：团队精神、信息横向共享、授予每个员工参与决策的职责，富有竞争力，把市场的前沿想法转化为时尚潮流。

奥尔特加决不允许他的设计师和业务员把个人利益置于公司利益之上，他们去伦敦、东京、纽约或印度调研的成果应同公司专业人员群体分享并进行传播。

阿曼西奥·奥尔特加头顶有一圈神秘光环，关于他的各路谣言纷纷，譬如曾有人指责他涉嫌洗钱。

熟悉他的人说他感觉像是一个普通人，持着基本、传统的习惯，反对各种搞怪和排场。据说他还不喜欢配保镖。实际上人们时常可以看见他在拉科鲁尼亚的大街上安静地散步，他的住所位于拉科鲁尼亚奥尔赞海滩附近的扎拉埃塔社区内，是一幢面朝海滨大道、美丽经典的房子。

奥尔特加还是个腼腆的人，这从原则上打破了人们对企业家的看法，然而这种性格无疑对他的成功起了作用。基本上，要成为成功的企业家，有人指点是很重要的，然而奥尔特加没有指点者，这对他而言在本质上也是有益的。也许正因如此，从底层做起、靠奋斗成为企业家的男性和女性在Inditex集团的高层中占了较高比例。譬如，有一个公路运输工人后来成为男士衬衫店的最高权威。

直到20世纪90年代公司大举扩张时，阿曼西奥·奥尔特加还认识工厂和仓库的大部分员工的名字。在一个具有跨国门面、家长制传统的公司里这种熟悉感已不复存在，一些价值观不可避免地在中途消失。

阿曼西奥·奥尔特加手下的合作者力赞他不可思议的直觉、创造力、派遣和任命工作人员的能力、对公司的全身心投入、民主的观点和对倾听的热爱。谈到他的缺点时，他们指责他事业心过强，这并不是说他这个人爱慕虚荣，而是指他曾说过要不惜代价把公司捧到最高一级领奖台的豪言、他的固执以及他鼓励团队内部竞争从而激化同事之间的纠纷和争执的坏习惯。

何塞·路易斯·努艾诺教授曾出席Inditex公司各领域的会议，他熟悉阿曼西奥·奥尔特加，他突出了奥尔特加的分析能力、事业心和从横向工作结构传达给员工的积极性。信息在不同部门之间流动，因为奥尔特加认为共享数据和想法有助于进步和为顾客提出更好的创意，从而改进在全球ZARA门店推出的产品。

在一场冷静从容、有充分时间思考的谈话中，努艾诺教授解释了阿曼西奥·奥尔特加在谱写全球时尚界最著名的西班牙品牌的历史时做了哪些贡献：

我认为ZARA代表了一部建立在责任感之上的成功史。这种责任感在于谦逊、开拓性和务实。第一点谦虚体现在比起那些为了公司的成功而每天辛苦工作的人，我们这些外人，即在公司外围工作的人更经常谈论该品牌。实际上，谦逊在ZARA和Inditex

集团的企业文化里和1975年那时一样明显。谦逊还体现在向别人学习做得好的地方，而不是一味相信自己什么都比别人做得好，不论是在组织供应链，还是在购买人体模型、照明设备或摆放货物时。

曾和阿曼西奥·奥尔特加共同做决策的合作者们不约而同地强调他身上显露的谦逊品质，但同时，他也要求员工们对工作抱有决心和精益求精的要求。奥尔特加也毫不掩饰地希望他的员工不论在公司里担任什么职位，都要具备高要求和强大的竞争力。

努艾诺教授着重强调了他在过去三十年来吸收市场服装潮流和喜好，使之迎合ZARA和Inditex集团的顾客的能力：

全世界都在以某种方式复制时尚潮流，然而阿曼西奥·奥尔特加的品牌却能化时尚为独一无二，使时尚对顾客的荷包而言价格实惠，且能在最短时间内被配送至全球的任意销售点。

愿意接受别人在许多事情上处理得比自己好的事实是阿曼西奥·奥尔特加在公司日复一日奋斗时所秉持的谦逊品质和美德。

它源于一种永不满足的好奇心。这就是阿曼西奥·奥尔特加。他随时准备学习东西。谦逊还指一项产品从外观、持久新颖性和可用性来看本可在短期内被标上更高的价格（也许这么做的代价是长期的销售困境），然而他却维持了产品的低价。根据阿曼西奥·奥尔特加的理解，谦逊意味着以一种独有的方式提供其他厂家欲提供的东西。

ZARA创始人的另一美德是务实，表现在避免做复杂的服装设计，不化简为繁。对此，努艾诺教授表示：

他的务实主义表现在他没有为ZARA创建几个物流平台，也没有转移到其他国家搜寻廉价劳动力，而只创建了唯一一个物流平台。ZARA并没有在每个有业务的国家都拥有生产中心。如果你把Inditex或ZARA一直分解到最底层，在流程之下，将其组织和生产任务简化来看，就会发现这个公司其实并未发明任何新物品。这个时装品牌生产的东西中没有一样——或者说只有极少部分是Inditex自己的创新发明。阿曼西奥·奥尔特加成功地效仿、改造了20世纪80年代巴塞罗那圣佩雷一带的快时尚设计。

马莎百货自20世纪70年代起就已开始转移生产，ZARA以及Inditex过了十年后才采取同样做法。其他一些品牌更早地实现了国际化，另外一些品牌则在很早前就开始通过网络销售产品和服装。Inditex是务实的。它在任何一方面均非先驱，但却带头有序地整合了所有这些做法。我们可说Inditex几乎什么也没发明，但不论在科技还是在生产流程或时尚潮流方面，它总是最博采众长的公司。它不充当发明者，而是让其他品牌去搞发明，然后采用其中经得住时尚考验或效率及效果测试的发明。它通晓整合他人做法以为己所用，但并不复杂化。务实意味着只保留那些经受住考验、行之有效的做法，并将执行这些做法和同公众接触的方式简化。这些品德引领阿曼西奥·奥尔特加铸造了世界品牌ZARA。

在我看来，阿曼西奥·奥尔特加是个谦逊、务实之人，犹如一台开拓式马达。我坚信自己对他的评价，正如我也坚信他不会这般评价自己。所以常言道，有些人光说不练，有些人埋头实干。

开拓性，在ZARA的案例中意味着不允许公司因某种原因——尤其是自身的成就而耽于自满。大部分营业额几十亿欧元的公司都经历过不得不加速壮大的阶段。许多企业因为必须继续投资以促进增长并在市场竞争中保持地位而中途夭折。在西班牙存在着大量营业额低于2亿欧元的公司，营业额达2亿欧元意味着公司具有一定的规模。2011年Inditex的营业额为137.93亿欧元，同该集团及其旗下八个品牌的国际增长相关的数据十分可观，其中以ZARA居首。

尽管如此，阿曼西奥·奥尔特加创立的公司并没有自满于成功，而是努力避免“死于安乐”。要做到这点并不容易，它要求ZARA具备高标准要求、运营机制良好并矫正会对公司运作产生障碍的方面。努艾诺教授如是分析该过程：

您想象一下，假如您在除去固执脾气和2500比塞塔——奥尔特加在拉科鲁尼亚创建第一桩制衣生意时所需的贷款——便一无所有的情况下开的一家小作坊或商店在十年后变成了营业额2亿欧元的公司，您不会情不自禁地感到自满么？除自满情绪之外，您还得承受打破2亿欧元营业额极限的困难，创造5亿欧元营业额的艰苦，实现从2亿欧元到5亿欧元的飞跃。不难理解，要保持这种开拓精神和忠于公司的某些价值观并不容易。

关于Inditex的未来，努艾诺教授说道：

如今的Inditex是一台不停运作的机器，在五年内它将创下300亿欧元的营业额，股价涨2倍多。

我认为奥尔特加创立的这家公司有可能达到这个目标，按Inditex的全球市场份额来看，这是可行的：它在西班牙的市场份额不到10%，在第二个国家的市场份额不到5%，在其余国家的市场份额应该还不到1%，然而股价现在已高达85欧元了。

即便如此，阿曼西奥·奥尔特加仍一直避免耽于自满，并思考如何长久地保持事业心及调动员工和团队的积极性。换句话说，他具备领导项目以及同各工作线上的管理人员共事的能力。因此，阿曼西奥·奥尔特加手下的公司员工和合作伙伴、心腹、管理人员从他身上吸收了相同品质。

ZARA专业人员的工作

在ZARA近四十年的发展历程里，阿曼西奥·奥尔特加深谙同专业人员们合作的重要性，这些专业人员对于品牌和企业的推广起到了决定性作用。其中一些人在阿曼西奥·奥尔特加身边一干就是35年，另一些人则在10年或15年前才加入公司，但是有一点确凿无疑：有才干的专业人员都留在了公司。这是ZARA的另一个特点。

在服装设计领域，不论是西班牙员工还是其他国籍的员工，和公司签订长期合同，在制衣间或管理层工作20多年的现象很普遍。

保拉是一名45岁，每天开车10公里去ZARA位于阿尔泰修的制衣间上班的女性，她认为公司对该地区的就业具有重要意义：

如果不是Inditex和奥尔特加先生提供就业机会，我们将不知如何是好。Inditex振兴了这个以渔业和罐头业为传统行业的地区。在阿尔泰修有几百户和我们一样依赖纺织集团工作维持生计的家庭。

Inditex还尽力把人才挽留在公司。当西班牙经济处于困难时期，约4万人离开祖国前往其他国家寻找新工作机会时，Inditex却对员工承诺晋职，从而把他们挽留了下来。

众多Inditex领导人在该企业的任职经历开启于担任门店员工、基层员工或公司技工。Inditex信任其专业人员的才干和在公司实现其职业与个人成长的能力。Inditex明白他们的个人成长会对公司业务的发展发挥积极作用。因此，内部培训和晋职是Inditex集团活动的核心，以不断创新和团队合作的业务模式为基础。

其内部培训计划性质各异，以适应群体中各专业人员业务活动的需要。例如，有一种“菜单式”的入职培训针对的是新入职的员工，它是根据他们即将接手的工作而设计的。这些培训计划有一个共同点，即不论一个新员工将上任什么职位，都必须在门店里接受一段时间的培训。

公司同时也支持团队领导和管理、语言学习、信息系统和新技术的使用，推出各种门店管理计划，并定期请不同的设计师做有关产品、原材料和服装系列展示的培训。

Inditex集团自成立以来就一直推动创造利于员工发展职业素养和在公司内成长的工作领域。事实上，公司的大部分店长都是从售货员干起的，这是Inditex的团队管理，它被用于评估所有岗位各项职责的绩效情况以及端正态度以追求最佳成果。

2010年，超过90%的员工接受了绩效评估。可体现该绩效评估政策的一个例子是：2010年共有543名售货员被提拔到分属门店、ZARA西班牙公司或Inditex内的不同职责的岗位上。总体而言，每年约有10%的Inidtex员工——他们大部分在门店里工作——在公司内获得晋升。

Inditex各业务单元根据自身的活动性质或地理位置设立了各自的员工激励行动方针。因此，通常有些政策和项目的执行范围在当地，且由所属业务单元的团队全权负责。如果该政策的成果喜人，公司便转为在全球范围内实施它。这些行动方针在集团内具有名副其实的重要性，赋予了不同团队极大的自主权和行动自由。

2010年，Inditex同14所欧洲大学合作发起了一个招募青年才俊的项目。这个名为坎特拉的项目面向对贸易和设计领域感兴趣的应届毕业生，内容是让他们在公司里接受一个为期四至六个月的专门培训。在此期间，这些青年大学生们能了解关于贸易和设计的所有领域，全程由一个内部导师带领。培训期过后，他们可在Inditex集团开启其职业生涯。2012年共有30名大学应届毕业生参与坎特拉项目。

领导团队：过去和现在

奥尔特加能通过一系列直觉和成效来引导集团的管理人员发展Inditex成功的商业模式。它是一种聪明战略的成果吗？

何塞·路易斯·努艾诺认为，Inditex和ZARA的成功秘诀之一在于懂得把对公司的发展具有决定性作用的人纳入其领导团队中：

在20世纪80年代，奥尔特加创立如今我们所熟知的ZARA

之后有了另一个预定目标，他想招纳何塞·玛利亚·卡斯特亚诺，此人在奥尔特加把ZARA打造成一个后来名为Inditex的成功商业集团的过程中，是一个具有决定性作用的人物兼奥尔特加最重要的合作伙伴。

为巩固品牌的壮大，奥尔特加需要一个商业集团、一个使他能够一边兼并新品牌一边“征服”新国家的大型商业组织的保护。

这个提供保护的旗舰理应是ZARA，但参与国际市场竞争，长期在资本市场中寻找资金，建立西班牙最大、世界上最杰出的纺织集团之一的需求催生了Inditex。这里还必须指出的是，若非当初其创始人满怀在西班牙之外发展的雄心，也许今天的ZARA不会具备现有的规模。

1985年，在ZARA成立十周年之际，阿曼西奥·奥尔特加决定创建商业集团Inditex，并签下了一名年轻的加利西亚管理人员——何塞·玛利亚·卡斯特亚诺，由他负责策划公司在2001年的股票上市，他和阿曼西奥·奥尔特加一直合作到2005年（2012年，卡斯特亚诺被任命为Novacaixa Galicia的总裁，负责该储蓄所被国家干预之后的重组工作）。不过，在这之前，卡斯特亚诺还帮助Inditex取得了其他成就。

1988年，西班牙境外的第一家ZARA店在波尔图（葡萄牙）开业，Inditex集团开始在美国和法国市场发展业务。20世纪90年代初，Inditex下属的Pull & Bear连锁店问世，Massimo Dutti也被它收购，Inditex开始涉足墨西哥、希腊、比利时和瑞典等新市场。到90年代中期，Inditex开进马耳他和塞浦路斯。90年代末，Inditex的业务部署名单中又新增了许多国家：阿根廷、日本、英国、委内瑞拉、黎巴嫩、阿联酋、科威特、土耳其、荷兰、德国、波兰、沙特阿拉伯、巴林、加拿大、巴西、智利和乌拉圭。与此同时，Bershka和Stradivarius连锁店问世，目标受众是更为年轻的女性顾客。

从一开始，何塞·玛利亚·卡斯特亚诺就是集团的形象代表，原因是阿曼西奥·奥尔特加直到Inditex上市时仍不乐意现身媒体。此外，何塞·玛利亚·卡斯特亚诺负责主持公司召开的会议以及同潜在投资者的联络。

阿曼西奥·奥尔特加吸收了卡斯特亚诺所提出的对ZARA的企业发展至关重要的建议，减少了服装生产过程的时间和环节。努艾诺教授解释了该建议以及介绍了它是怎样为阿曼西奥·奥尔特加所接纳的：

去中介化。卡斯特亚诺加入Inditex时，着手管理的是一家开始出现增长困难的公司。一方面，当他把视线从西班牙投向外界时发现欧洲纺织时装业的生产经营线并不像西班牙那么长，也不似其他许多时装营销公司那样具有多层级结构，配送体系也不如西班牙的复杂——西班牙的配送体系内充满了厂商、配送商、批发商、仓储商及终端商店。卡斯特亚诺和奥尔特加设法精简了这个低效而昂贵，且长期存在拖拉问题的体系，从而能在最短时间内为顾客提供服务。

除了凭本能想到去除层级结构、简化生产和销售过程所能带来的优势之外，他们还考虑到20世纪80年代一些西班牙大型中间商破产的事实。奥尔特加趁Inditex的一些大型中间商破产之际顺势撤除了中间商，令ZARA发展受益。卡斯特亚诺那时已注意到Inditex的资金余额不足以同时维持资金周转、业务增长和中间商（批发商和商店）的付款拖延。在欧洲其他地方，这种形势已获得解决，从服装生产到终端消费者中间只存在一两个层级。

2003年，Inditex在萨拉戈萨开设了第二个ZARA配送中心欧洲平台，开始为欧洲大陆的ZARA门店配送商品，从而补充完善了阿尔泰修配送中心的业务。同时，Inditex在俄罗斯、马来西亚和斯洛文尼亚的首批门店也陆续开业。

还有另外一名合作伙伴对Inditex集团和ZARA品牌的成功同样起了决定性作用，他的管理能力深受阿曼西奥·奥尔特加信任，他虽不为绝大多数公众熟知，却早已是西班牙金融圈内备受称赞的一名业内人士——他就是巴布罗·伊斯拉·阿尔瓦雷兹·德·特赫拉。

2005年，巴布罗·伊斯拉作为令人瞩目的Inditex首席执行官，揭晓了公司的新组织结构。公司管理层将行政权完全交予Altadis前总裁伊斯拉。这么一来，何塞·玛利亚·卡斯特亚诺仍保持其副总裁职位，但不再担任首席执行官了。阿曼西奥·奥尔特加同他原本在集团里的得力助手之间的隔阂就此产生。尽管Inditex这艘船舰的船长人选有所更迭，但其航行方向照旧。

根据媒体报道，奥尔特加和卡斯特亚诺之间的不和源于他们在收购加利西亚公司Unión Fenosa过程中发生的分歧。

Inditex集团的领导层将之喻为管理方针方面“不可调和的分歧”。不过自2004年年末起，卡斯特亚诺就已酝酿离去。卡斯特亚诺在这家加利西亚纺织公司担任高层职务长达二十年之久，他的辞职被两段感谢他的“长期任职和对Inditex的发展做出了辉煌贡献”的套话应付而过。在此之前，这名助Inditex向外飞跃的推手早已从Inditex的前线慢慢隐退。当时卡斯特亚诺已年满60岁，在被一场冠状动脉清洗手术和一个已获任命的继任者的催促下，集团董事会改组后才过20天他便离任了。

任命巴布罗·伊斯拉为Inditex新首席执行官的举动被人们视作是奥尔特加对其国际攻势计划的一次关键加码。

巴布罗·伊斯拉于1964年在马德里出生，是马德里康普顿斯大学的法律系学士和国家级律师。他在加入Inditex之前，1992—1996年任人民银行的法律事务部主任，之后，他被任命为经济和财政部下属的国家资产局局长。1998年，他重返人民银行担任秘书长，自2000年7月起他在从事烟草销售和生产的Altadis集团任董事会主席和联合主席。

Inditex集团当时正需要一名营销方面的专家，此人须有能力策划一个以不断开设新门店为特点的全球增长方案，因此找到了巴布罗·伊斯拉。增长一直是Inditex的特点，表现在Inditex在2012财年投资约10亿欧元用于促进企业的扩张。作为纺织业巨头总裁的巴布罗·伊斯拉在2012年全体股东大会上强调，扩张是一个公司在“全球增长”机遇中的“明确优先任务”。他在发言中着重强调了Inditex集团在西班牙的投资对象：1亿欧元用于扩大阿尔泰修总部，1.9亿欧元用于Massimo Dutti在托尔德拉（巴塞罗那）新建的物流平台。

此外，另有600万欧元将被用于提高其他物流能力，以配合公司的增长需求，公司在2012年预计将新开设480～520家门店。

在结束对股东的致辞前，伊斯拉强调了“应在现在为未来的增长投资”和西班牙对该集团的重要性，该重要性不仅体现在Inditex集团1/4的销售量集中在西班牙市场，还体现在有5500家Inditex的供应商位于该国。

Inditex股东大会通过了2011年的年度账目，ZARA的东家赢得了19亿欧元的收入，比前一财年增长了12%，销售额为137.93亿欧元，同比增长10%。同时，股东大会还批准了每股1.80欧元的分红，总分红约为11.22亿欧元。其中0.90欧元将于2012年5月2日入账，剩余部分将于11月2日付清。年度薪酬报告显示在Inditex董事会和各委员会担任不同职位的董事会成员2012年获取的薪酬和前一年相同。

所有这些成果无疑证明了阿曼西奥·奥尔特加在75岁时将Inditex的指挥棒转交给此前担任副总裁和首席执行官的48岁的巴布罗·伊斯拉是正确的做法。这则消息犹如引爆了一颗炸弹，完全出乎媒体的意料。

阿曼西奥·奥尔特加的继承人问题

失去阿曼西奥·奥尔特加后Inditex的未来将会如何尚未可知，对此阿尔泰修总部不愿发表评论。阿曼西奥·奥尔特加育有3个子女，桑德拉和马尔克斯是他同第一任妻子罗萨莉亚·梅拉·戈耶内恰的孩子——其中马尔克斯身患残疾，玛尔塔是他同第二任即现任妻子弗洛拉·佩雷兹·马尔科特的女儿，弗洛拉曾是阿尔泰修一家工厂的员工。2006年年末，玛尔塔·奥尔特加被任命为管理Inditex60%股份的控股公司的副总裁，与阿曼西奥·奥尔特加的继承人问题相关的首次管理层人事变动随之发生。奥尔特加的小女儿以阿曼西奥·奥尔特加未来继承人的姿态现身，或许她将是未来的集团总裁。

现任总裁伊斯拉的上任令Inditex难以预测的未来随之尘埃落定。家族控制了集团资本，由一名受阿曼西奥·奥尔特加全力支持的领导人负责管理工作。

这位ZARA和Inditex的创始人再次巧妙解决了一家复杂的企业在动荡时期面临的继承人问题。玛尔塔·奥尔特加曾在拉科鲁尼亚接受学术培训，后又在Inditex驻中国上海、法国、意大利和英国的办公机构接受内部培训，此外还在公司位于英国伦敦市牛津大街的门店当过售货员。

玛尔塔曾修习管理公司的课程，因而给人留下了她天生就是这家大集团继承人的印象，集团的最大股东是她那控股率达59%的父亲。就这样，玛尔塔仍在为阿曼西奥·奥尔特加关注他手头股票的上涨情况，未来尚待谱写。

7

ZARA的创新革命

七

Inditex：ZARA
及其姊妹品牌

Inditex集团的经营仰赖三大核心：提高每家门店的销售量、开设新店，以及创立随时同其他现有商务理念互补且利于扩大目标客户群的其他商务理念。自ZARA起，Inditex集团不论在门店数量还是品牌和产品数量方面的规模都一直处于增长状态，它不断开设新店，以各种价位满足不同品味的各类消费者。

ZARA所实施的战略也被推广到Inditex的其他品牌，它们的企业组织结构各异，但都秉持着同一经营理念。

ZARA

ZARA（www.zara.com）的第一家门店于1975年在拉科

鲁尼亚（西班牙）开张，现活跃于82个市场，拥有一个由1700多家位于全球主要城市黄金地段的门店组成的网络。ZARA的国际化经营印证了国界并不妨碍人们共享服装文化。ZARA配有一个由200多名专业人士组成的创作团队，设计被视为是一个紧密联系公众的过程。

2011年，ZARA作为Inditex集团最大的连锁品牌，销售额增长了10%，高达89.38亿欧元。这段时期，ZARA开始涉足5个新市场：中国台湾、阿塞拜疆、澳大利亚、南非和秘鲁。进军了后3个南半球国家后，ZARA除了业务覆盖五大洲外，还加强了全球供应战略。考虑到南半球的气候和北半球不同，ZARA拥有一支专为南半球的女士、男士和儿童设计时尚服饰的设计师队伍。

ZARA适用南北半球的服装、布料以及不断推陈出新的时尚观念推荐反映了最新潮流。在把店开进这些新市场时，ZARA选择在诸如悉尼的皮特街、墨尔本的伯克街、约翰内斯堡的桑顿城、台北的101大楼等黄金地段开设旗舰店。在2011财年内，ZARA一共新开设了107家店，其中30家位于中国，而今ZARA在中国已有上百家店面。

2010财年ZARA的在线商店刚刚上线，2011财年随着在线商店于9月和10月分别在美国和日本开张，ZARA在这个销售渠道上有了一个质的飞跃。ZARA通过举办“亲爱的美国”和“亲爱的日本”活动、展出两国当地艺术家拍摄的本国各地区的照片合集，直接向美国和日本顾客引进了新开的网络商店，收到热烈反响。截至2011财年末，ZARA已在18个国家运行网络商店，日访问量破百万。

zara.com已成为ZARA最受关注的对外展示渠道之一，这要归功于一些网站的固定推送，如在Lookbook[①]展示最新商品，或是在People![②]和顾客联合发布诠释最新ZARA潮流风格的照片。

① Lookbook是成立于美国的一个潮人街拍网站。
② People！是ZARA在图片分享网站Pinterest上创建的一个共享平台。

Lefties

Lefties是Inditex集团的另一个品牌，但没有被当作一个独立品牌对待。Indtex认为它是ZARA的组成部分之一而没有公布该连锁品牌的总店数，相关网站正在建设中。

2011年，Inditex集团开始改变Lefties，发布了该品牌创建以来的首次时装系列活动。

Lefties在刚起步时被作为ZARA的甩卖场，即被Inditex的主打品牌当成清空库存的门店网络。它逐渐获得了自主权，而今除了拥有一个不同于ZARA的专属服装系列，力图为年轻顾客的打扮提供实惠、无精致配件的衣服之外，还具备一支常驻托尔德拉（巴塞罗那）的独立团队。

举个例子：在Lefties的门店里，每个分区除了有专门的家具和货架外，还有一个大尺寸或是以霓虹灯显示的该区名称的牌子。分区内容包括女士、男士、儿童、牛仔裤、鞋子和配饰。

Lefties的门店闪亮通透，设有天花板小灯和各式落地镜。墙壁和天花板均为白色的，它们和分散排列的低矮方形家具一起为当地顾客营造出强烈的开阔感。

Pull & Bear

Inditex集团于1991年创立Pull & Bear（www.pullandbear.com），其时尚概念主要针对都市年轻人。Pull & Bear力图超越一个单纯的销售点。服装和配饰相辅相成，装潢精致的门店将现代家具和回收的老物件结合，重新创造出备受年轻人青睐的空间。Pull & Bear在49个市场拥有超过740家店，其核心业务位于纳龙（拉科鲁尼亚）。

这个年轻休闲的连锁品牌以一个真实的理念口号——"Pull & Bear环保之旅：20年再创造"庆祝其20周年纪念日。2011财年，该品牌通过环保意识号召行动、研讨会和活动向其门店和顾客引进环保承诺。该"环保年度"活动的压轴戏是12月份一家Pull & Bear生态高效店在鹿特丹（荷兰）的开业，成为同类商店中的独创。它是该连锁品牌中最大的一家门店，年均耗能比一般店少了30%，用水节省了40%。该店获得LEED最高级别的铂金级环保证书，是连锁系列新店开业时需要看齐的高效生态模范店。

2011年，Pull & Bear推出了以阁楼概念著称的新店面形象。受纽约式阁楼的启发，新门店具有休闲风格的装潢，配备了最新技术，在那里顾客可以通过社交网络进行实时互动，分享经历和图片。拉科鲁尼亚是第一个拥有这种新概念店的城市，随后2011年5月该连锁品牌的新店也在荷兰的蒂尔堡和海牙开张。同年，Pull & Bear也在韩国和摩洛哥开设了第一批新店。和Inditex的其他五个连锁品牌一样，Pull & Bear也在2011年推出了在线商店，共覆盖13个欧洲国家（德国、奥地利、比利时、丹麦、西班牙、法国、爱尔兰、意大利、荷兰、波兰、葡萄牙、英国和瑞典）。Pull & Bear在20周年庆典活动中向20年来壮大的顾客群致意，发布了两个特别的高端限量系列：Heritage和Pull & Bear for Kids。

Massimo Dutti

Massimo Dutti（www.massimodutti.com）于1991年被Inditex收购，如今在51个市场拥有超过570家店。Massimo Dutti供应高品质的国际化时尚服饰，分男士款、女士款和儿童款，从最都市化、最精美的路线一直到运动路线，品种丰富。其核心业务位于托尔德拉（巴塞罗那）。

Massimo Dutti在2011年的销售增长势头强劲，同比增长13%，销售额高达10.13亿欧元。在这段时期，它销售都市化、国际化的独立男女服饰，在13个国家开设了43家店，其中包括一个新国家——立陶宛，Massimo Dutti在立陶宛的第一家店开设于其首都维尔纽斯。这一年里，Massimo Dutti在中国急剧扩张，开设了15家新店，其中有许多家店位于诸如大庆、石家庄、广州、深圳等一些此前其业务未曾涉足的城市，到同年年底Massimo Dutti在中国的总店数已达24家。

Massimo Dutti也在欧洲开设了一些新店，其中一家位于阿姆斯特丹的博物馆广场区，还有一家位于莫斯科的特维尔大街，它是俄罗斯首都最商业化的大街之一。

然而，该连锁品牌在2011年开设的最具标志性的新店或许要数它的在线商店。自2011年9月起，它在10个欧洲市场（德国、奥地利、丹麦、西班牙、法国、爱尔兰、意大利、摩纳哥、英国和瑞士）的顾客中获得良好反馈。在线商店开业前的几周，Massimo Dutti在其网站上成立了名为“MD日志”的交流平台，推广各种生活品位见解、文化活动和贴近顾客口味的新闻，把所有热爱Massimo Dutti的互联网用户汇聚起来。

Massimo Dutti一直关注顾客的需求，会定期更新其时装系列和门店，旨在与品牌的关注者一起与时俱进。

在前一年推出了量身定制服装的服务之后，2011年Massimo Dutti又推出了“定制鞋”服务：可以通过下单定制男鞋。根据这项创意，顾客可在该连锁品牌的一些门店里挑选鞋子的颜色、材质和制作细节，按自己的品位定制鞋子。

Bershka

Bershka（www.bershka.com）是1998年诞生的一个新概念品牌，它在门店设计和针对年轻女性的时尚设计方面都秉持着新概念。自2002年起Bershka也开始销售男装。Bershka的门店高大宽敞，审美前卫，汇聚了时尚、音乐和街头艺术。它在57个市场拥有超过810家门店，核心业务位于托尔德拉（巴塞罗那）。

Bershka作为Inditex集团旗下最年轻态的商业品牌，在2011财年它的国际扩张势头强劲。该年，它在7个市场（韩国、印度尼西亚、摩洛哥、马来西亚、阿塞拜疆、德国和日本）开设新店，至年末已覆盖57个市场，成为Inditex集团继ZARA之后业务覆盖国家数量最多的连锁品牌。在类似日本和德国等一些新市场，Bershka通过别出心裁的门店来打响头炮。当2011年4月Bershka的第一家门店现身日本市场时，选址在位于东京最商业化的地区之一——涩谷的一座四层楼，门面是一堵以亮黄色霓虹灯作为边框、气势宏伟的玻璃幕墙。

这家门店具备了最先进的视听技术和专门配合场景的设计。四个月后，Bershka在德国柏林的陶恩沁恩大街开设了一家新店。该店在东京门店的室内设计基础上又向前多跨了一步，以色彩和照明突出了该品牌年轻、前卫的特色。

此外，Bershka还希望把这家德国门店打造成该连锁品牌在环保理念方面的一面旗帜。于是它成了生态高效店，获得全球建筑可持续性要求最严格的认证体系——LEED颁发的铂金证书。随着位于类似洛桑（瑞士）圣弗朗索瓦大街或伊斯坦布尔（土耳其）巴格达大道等黄金地带的其他新店开张，Bershka旗舰店系列获得进一步完善。此外，Bershka和Inditex的其他五个品牌一起推出了电子商务业务。

具体地说，Bershka的在线商店活跃于12个欧洲市场（德国、奥地利、比利时、西班牙、法国、爱尔兰、意大利、荷兰、波兰、葡萄牙、英国和瑞士）。在推出在线商店以前，Bershka先在互联网和社交网站上对其关注者提出一个问题："时尚在哪里？"从而引起了非凡的互动回应，答案于在线销售业务启动当天获得揭晓："时尚就在在线网店！Bershka.com”。

Stradivarius

Inditex在1999年所收购的Stradivarius（www.e-stradivarius.com）旨在把最新潮的设计、布料和配饰推向年轻的女性公众。Stradivarius位于46个市场的680多家门店，宽敞、现代、充满活力，展现了广阔的潜力和一种休闲而富有想象力的风格。其核心业务位于萨伦（巴塞罗那）。2011财年，Stradivarius开设了91家新店，成为该财年新店开张数量最多的品牌之一。在这个以音乐谱号为商标的连锁品牌于2011年新设店的18个国家当中，在中国、俄罗斯和波兰市场上的扩张势头最为强劲，新店数量分别为23家、18家和10家。

2011财年，Stradivarius完成了于前一财年启动的网上形象更新，推出了贴近其顾客定位——风格休闲、富有想象力的年轻女性的在线活动，其中包括在专注时尚的社交网站

Trendtation上举办一场名为“成为我们的Stradiva”的图片竞赛，从而加强了同品牌关注者的双向沟通。

Stradivarius的另一重要在线活动是其在线杂志Stradivas Magazine的发布，这本杂志不单单是产品图录，还囊括了各种推荐、潮流概览以及有关时尚与生活方式的建议。上述两个活动是Stradivarius在线商店开业的最佳前奏。Stradivarius.com已在6个欧洲国家开展电商业务：德国、西班牙、法国、意大利、波兰和葡萄牙。它在2011财年的销售额为8.71亿欧元，同比增长12%。追随Inditex集团关注社会发展的惯例，Stradivarius也把贸易增长同社会责任行动相结合。

Oysho

Oysho（www.oysho.com）于2001年开业，把Inditex集团的营销理念运用于亚麻布制品和女性内衣产业中，提供品质好、价格优良、符合最新时尚潮流的产品，在31个市场拥有超过480家店，核心业务位于托尔德拉（巴塞罗那）。它以饱满的活力和一系列项目庆祝其十周年纪念日：涉足6个新市场，更换商标，使门店变得更诱人，以及举办有趣的商业活动。该女性内衣时尚连锁品牌以趣味、性感的创意改造业麻布制品产业已达十年。

Oysho还销售休闲服装、居家服以及原创配饰。在过去的十年里，Oysho在51个国家开设了483家门店，其中包括2011年进军的6个新市场：乌克兰、埃及、摩洛哥、危地马拉、多美尼加共和国和中国。随着Inditex集团在亚洲的强势壮大，Oyosho在中国市场开设了17家门店。Oysho同时发起网上扩张，在10个欧洲国家推出了在线商店（德国、奥德利、比利时、西班牙、法国、意大利、卢森堡、荷兰、葡萄牙和英国）。

在品牌成立十周年纪念日之际，Oysho以一个更加和谐、宁静的形象替换了原有商标，旧版的合成线条被换成完全符合其新店内装潢风格的印刷字体，使其成为迷人、简单而温馨的小精品店。

在商业领域，Oysho和阿迪达斯合作推出了一个运动服装系列GYM，这些服装能适应各种锻炼需求（跑步、健身、舞蹈或瑜伽等）。为配合该系列，阿迪达斯设计了在Oysho专卖的运动鞋。

ZARA HOME

ZARA HOME（www.zarahome.com）是Inditex集团专营家居用品的连锁品牌，侧重于纺织品：床单、桌布和浴巾，再搭配餐具、玻璃器皿和装饰物件，以具有竞争力的价格提供具有设计感和品质的新颖商品。它在30个市场设有310多家门店，核心业务位于阿尔泰修。

ZARA HOME在2011财年的销售额为3.17亿欧元，同比增长了8%。对于这个家居时尚连锁品牌而言，2011财年是一个遍地开花的年份，它一共在14个国家开设了26家新店，其中3个国家为首次涉足（德国、中国和哥斯达黎加）。进军德国和中国对ZARA HOME具有尤为重要的意义。ZARA HOME的实体店首次在德国亮相，该店位于法兰克福最繁忙的街道之一：拉特瑙广场。

该店开业是ZARA HOME对网上德国顾客持续需求的回应，早在2007年ZARA HOME就已在德国开启在线销售。

2011年，ZARA HOME还在汉堡、杜塞尔多夫等其他德国城市设店。ZARA HOME在中国的首次亮相选址在已有ZARA和Massimo Dutti进驻的北京世贸天阶商业中心。

同年，ZARA HOME还在长春、天津、广州等城市设店。ZARA HOME在2011年开设的其他重要门店分别位于伦敦的乔治街和阿姆斯特丹博物馆广场旁的Van Baerlestraat大街。在拉科鲁尼亚，ZARA HOME开设了第300家门店，这是一家两层楼的旗舰店，以自然采光为主，发扬了简约优雅的品牌特色。

ZARA HOME的在线业务继续壮大，进军了瑞士和挪威两个新市场，截至2011财年末它共在17个欧洲国家设有在线商店。2007年，ZARA HOME成为Inditex集团旗下第一个拥有在线销售业务的连锁品牌。2010财年和2011财年的电商业绩使它毫无争议地成为Inditex旗下所有连锁品牌开启在线商店时看齐的一个榜样（ZARA于2010年，其余品牌于2011年启动在线商店）。

Uterqüe

Uterqüe（www.uterque.es）是Inditex集团创建的最新商业品牌，主要供应时尚配饰（包、鞋子、皮具、廉价首饰和类似围巾、眼镜、雨伞或遮阳帽等其他搭配品），配以精选的纺织和皮革服装。目前，Uterqüe在17个市场拥有90多家门店。

Uterqüe的门店呈现优雅的美感，空间设计讲究实用性和为顾客创造最大的舒适感。Uterqüe作为Inditex旗下最年轻的、“年仅三岁”的连锁品牌，于2011财年奠定了其品牌和商业销售的基础。

2011财年，这个专注于配饰、时尚搭配品和品质出色的精选纺织和皮革服装系列的品牌获得销售额6800万欧元的成绩，从而巩固了其国际化专卖品牌的定位，它的89家门店位于若干高档购物区内。例如，Uterqüe登陆马略卡岛帕尔马时，把一家门店设在了博讷大道；卡萨布兰卡则是它进军摩洛哥的第一个目的地；又或者，把门店设在比利时的旅游城市克诺克的利本斯朗大街。Inditex集团正是在比利时收购了Uterqüe连锁店（当时共有7家门店），Uterqüe至今仍实行便于直接管理的加盟制度。

Uterqüe把它的总部从Inditex集团总部所在的阿尔泰修（加利西亚）迁至托尔德拉（巴塞罗那），同Massimo Dutti、Oysho和Bershka的总部和贸易中心及其物流平台同处一地。在这个更宽敞，更接近物流业务的新地点，Uterqüe同它的设计团队和业务团队蓄势待发，准备在全球内继续实现增长。

Uterqüe和Inditex的其他连锁品牌一样，于2011年在6个欧洲市场推出在线商店（德国、西班牙、法国、葡萄牙、英国和瑞士）。Uterqüe的在线商店形象别致，旨在真实地反映其优秀的产品材料和优质的客户服务，产品质量和客户服务是它的两个重要特点。

未来项目

Inditex旗下各品牌的项目并未偃旗息鼓。这个服装大业的总裁宣布了将于2012年9月初[①]在中国推出ZARA在线商店，该消息被视作ZARA在已拥有上百家门店的中国市场的一次重要扩张举措。他同时还宣布了Massimo Dutti对美国的隆重进军——选址在之前ZARA营业的第五大道上，以及对加拿大的进军。另外，Inditex于2012年5月在厄瓜多尔开设了第一批门店，这意味着如今该集团已覆盖85个市场。

Inditex还加大了在西班牙的投资，启动了阿尔泰修总部扩建工程，在原有的9万平方米的面积的基础上新增7万平方米，成为集团的核心业务以及ZARA和ZARA HOME的业务、创作和设计团队的所在地。这个注资近1亿欧元的扩建工程将创造约400个新工作岗位。

同时，Inditex计划设于托尔德拉的最新一代物流平台将于2012年9月份开始运营。托尔德拉全球性扩建工程的注资金额已涨至1.9亿欧元，将创造约500个新的工作岗位。

Inditex的国际增长对其西班牙业务产生的影响表现为它在西班牙国内拥有约5500家供应商，产生的年交易额约为20

① 此处指2012年。

亿欧元。

Inditex总裁在股东大会的致辞中的另一章节内容聚焦在集团的可持续性政策上。在可持续生产经营领域内，Inditex在销售环境友好型产品方面取得了进展，采用有机棉或可生物降解的纤维，并加入类似瑞士良好棉花发展协会（Better Cotton Initiative）、联合国CEO水资源管理使命（CEO Water Mandate）或美国纺织交易所（Textile Exchange）等组织。

在物流领域内，Inditex的目标是通过对和物流相关的所有活动实行能效措施，使物流活动产生的温室气体排放量至2020年减少20%。值得一提的是，集团设在托尔德拉的新物流中心自设计阶段起就开始实行生态高效环境模式，从而获得了LEED金级证书。

在和供应商的关系方面，Inditex总裁强调了《外部厂商和工作间行为准则》的实施和同供应商群体的协作，谈及了以“绿色准则”项目为代表的环保战略，该项目确立了旨在提高产品和厂商的工业生产过程的可持续性的行动纲领。

伊斯拉在举例说明时除了提到集团在2011年新创的9000

个工作岗位外，还强调了企业内部的培训和晋职政策。在最近一个财年内，有超过1000名公司员工获得提拔，75%的职位空缺由集团内的专业人员接手。每年有10%的员工参与内部培训项目，仅在2011年里，根据各工作岗位需求而开展的专门培训就耗时超过一百万个小时。

此外，在中国在线销售ZARA服装已被集团定为应于2012年9月份实现的目标。如今，人们可以在16个欧洲国家、美国和日本通过网站购买ZARA的时尚产品。

巴布罗·伊斯拉宣布将不会动摇集团的理念根基，因为它们把Inditex打造成了西班牙股价最高的公司。这意味着Inditex的所有工作和组织方式将继续以顾客为中心开展，即继续沿着阿曼西奥·奥尔特加的思路前进。若一个战略一直行之有效，奥尔特加就从不对它做调整。而今Inditex基业稳固，因而也没有必要为保障未来而修改企业组织和战略的重点。

Inditex出于对顾客的重视而拓宽了旗下所有连锁品牌的电商业务范围。除了ZARA和ZARA HOME，该集团的其他连锁品牌（Pull & Bear、Massimo Dutti、Bershka、Stradivarius、

Oysho和Uterqüe）也在诸多欧洲国家拥有在线商店。这些在线商店销售最新潮服饰，和实体店的严谨水平相当。实际上，互联网和社交网络已成为Inditex集团下所有品牌的顾客满意度测量仪。例如，ZARA网站的日访问量过百万，Inditex连锁品牌在Facebook上的关注者超2100万人。

在Inditex2011年的诸多业务里程碑中，ZARA首次登陆澳大利亚——选址在悉尼最繁华的商业区，以及ZARA HOME在德国首次设店的事件格外引人瞩目。位于悉尼金融中心的皮特街步行区是ZARA赴澳大利亚的首个目的地，其门店共分三层，面向人来人往的皮特街，正墙长度超过22米并配有6个橱窗。

ZARA HOME在德国的第一家门店则选址在德国金融中心[①]的商业腹地——拉特瑙广场。但巩固ZARA的持续增长并不仅限于此，ZARA在中国台湾和南非的首批门店也开张了。

ZARA在全球最高的摩天楼之一——一幢位于中国台湾

① 指法兰克福。

的标志性建筑[①]里举办门店开业典礼，从而拉开了在台业务的序幕；ZARA在南非的起步则始于在约翰内斯堡的一个新商业中心——桑顿城里开设了一家面积为2700平方米的门店。

Stradivarius、Oysho和Uterqüe已投入在线销售，ZARA已把网店扩张到了美国，可往全美50个州发货。

---

① 指台北101。

ZARA的创新革命

结论

ZARA的现状在当下是罕见的。人们很难相信当西班牙已全面陷入经济危机、成千上万家公司处境艰难时，这里仍有一个纺织服饰集团打破了销售纪录，在海内外创造就业岗位，投资总额超10亿欧元，成功输出了一个世界闻名的品牌。

ZARA引来人们的赞赏，成为大学教授、学生和其他制衣营销公司高管的研究对象，他们试图找出ZARA成功的秘方。然而这个秘方并不似传言里全球最畅销的饮料[①]那样把最高机密深藏在远方的保险箱里，这个秘方在于该企业在过去35年里始终不变的根基。我们很难再找到另一家同

① 指可口可乐。

Inditex的股市估价（在2010年6月为430亿欧元）相当、大多数股份归同一人持有的公司。这种说法也许略显浮夸，然而这一切所围绕的中心是这个生于莱昂小镇、自幼移居拉科鲁尼亚、在加利西亚恶劣多雨的天气中成长的男人所传递的价值观和经验。

ZARA诞生于一个人的决心，他在学业无成、未经任何著名商校导师指导的情况下打造出了最庞大的平价快时尚王国。

阿曼西奥·奥尔特加的秘方以三个相得益彰的观点为基础组成了一个始终成立的方程式：以顾客为业务中心，生产价格合理的舒适衣物，以及最大程度地简化从服装设计到服装被送达顾客手里之间的环节。

然而这个方程式中尚存在另一个被ZARA引为基础，同时也被Inditex集团旗下的其他七个品牌执行的根本因素：门店。门店是接触顾客、了解顾客的品味、偏好、喜欢或不喜欢什么的地点。因此，门店如海绵般吸收信息，而后这些信息经过处理，被设计师们共享。

这种工作结构的高效性并非偶然的成果，它源自阿曼西奥·奥尔特加坎坷的人生经历，他出生于资源匮乏的家庭，为摆脱战后贫穷的生活而迁至加利西亚。当年他作为在衬衫定制店跑腿、送货的年轻人，逐渐领悟了一种工作方式，并了解了顾客们的品味。

然而在把他的成功归结为“顾客是上帝”之前，我们不该忽略其所有对手公司都未能企及的另一优点：迅速，即对消费者的需求做出快速反应。这需要能迅速预见消费者对服装有哪些需求，并迅速将有需求的服装挂上衣架。奥尔特加成功的一个关键之处在于商业模式的组织法：在自己的地方完成整个流程，即设计、生产、物流、配送和销售。

而门店成了流程的中心。业务过程并不终止于门店，相反，门店是业务的起点。设计师们和门店持续保持联络，门店除告知他们哪些衣服最畅销之外，还告知他们哪些衣服的销售并不成功，以及顾客正在寻觅什么样的衣服——这一点尤为重要。各地门店的店长多为女性，她们负责搜集信息，把消费者正热衷的潮流传达给设计团队。

所有门店都同位于加利西亚的阿尔泰修总部保持联络。店长们一周两次——在每周二和周四，核实完最近几天的销售情况后，直接向厂商下单，没有再多的中间环节。而后，Inditex成功的另一关键秘诀就此显现：订单货品在48小时内就能被送达Inditex集团旗下八个品牌遍布全球85个国家的5000多家门店中的任何一家。

在刚创业的头几年，Inditex的创始人就选择性地绕过了客户关系的常规概念——他不让设计师来决定消费者该穿什么，而是由消费者自己决定想穿什么。总而言之，“顾客是上帝”。顾客负责提议，Inditex负责供应，要卖就卖消费者需要的东西。但这个道理知易行难。

街头成了ZARA设计师的最佳灵感来源。随着企业壮大，公司派往全世界出差的员工也增多了，他们关注最新时尚潮流，而后将它们落实为草图。

然而Inditex的奇迹不止这些。在ZARA面世之前，时装界通常一年两次向市场投放新系列，因此需要提前6个月或8个月开始着手。而Inditex只花两周时间就能完成从设计时装系列到派送至销售点的一系列工作。

这种名为“适时反应战略[①]”或“快时尚[②]”的生产方式利大于弊：大部分衣服都是实时照单生产的，仅用于出售；因没有实际库存而几乎没有仓储成本；如果一种产品销路不畅，所造成的后果也较轻；多数衣服在短短几周内就会被完全更新，每款衣服都是限量生产。

商品绝对新鲜，门店亦然。Inditex大部分竞争对手的商品是由亚洲国家供应，而Inditex却只有1/3的商品产自亚洲地区，其大部分服饰产于西班牙西北地区、葡萄牙和摩洛哥。这种运作方式提供了极大的灵活性，使它能在最短的时间内向各门店配送最新商品。时间就是金钱，这是阿曼西奥·奥尔特加信奉的另一箴言。

为征服时尚界，奥尔特加萌生了商品多元化的念头。如果汽车制造商有能力为所有顾客提供汽车，为什么他不能效仿这种做法来销售衣服？于是继ZARA之后，Pull & Bear（1991年）、Massimo Dutti（创立于1985年，1991年被

① 英文术语just in time。
② 英文术语fast fashion。

Inditex收购）、Bershka（1998年）、Stradivarius（1999年被收购）、Oysho（2001年）、ZARA HOME（2003年）和Uterqüe（2008年）相继问世。

但是如果没有一个大型配送渠道，阿曼西奥·奥尔特加的宏伟构想恐难以成真。在这方面，他所拥有的所有物流平台如同传送装置的关键部件，确保被订购的和新款的衣服在至多两天时间内被送达全球范围内的任意一家门店（欧洲门店需24小时，美洲或亚洲门店需48小时）。

Inditex在西班牙内拥有10个物流中心，它们的面积叠加起来超过100万平方米。

门店不仅是Inditex经营模式的中心，还是它的最佳广告，且几乎是它的唯一广告。Inditex不大搞宣传，至多在报纸上发布冬夏季打折信息或每年7月份召开股东大会的通知，制作产品图录时也不采用知名模特。它真正的广告始于门店的选址，而后是橱窗，最后是衣服摆放的方式。门店里不论灯光、背景音乐抑或气味，没有哪一样是随意而为。

从一开始，阿曼西奥·奥尔特加就总是要让他的门店坐落在全球的主要城市，总是位于最重要的商业地段。

阿曼西奥·奥尔特加也许已成为西班牙历史上最成功的企业家，而创业者们和企业家们正需要一个具有这种经历的人，以他的论据和果敢助他们挺过始于2007年经济危机的艰难动荡时期。

据《福布斯》杂志消息，2012年阿曼西奥·奥尔特加在全球富豪榜中位列第五，资产估价为285亿欧元。金融分析人士认为奥尔特加的个人资产正以每年5亿～8亿欧元的速度在增长。

金钱是手段而不是目标，这是阿曼西奥·奥尔特加曾在某个场合说过的话，而后他又补充道：“一个只想着要致富的人不值得成为企业家。对于已经达到我们这种成就的人来说，钱是不缺的。于我，金钱如不用于达成目标则没有意义。若你成功了，希望你的成功能帮助那些依赖我们的人们在人生中有所成就。”

每个人诞生于世都有其意义所在，奥尔特加对这一点一直深信不疑：“我绝对相信我们每个人来到这个世上都是为了完成一项使命。没有谁的出生是源于偶然。当我回首这些年经历过的一切，仿佛做了一场不可思议的梦。我重视过往一切是有原因的。现在如要启动这么一家公司将会耗费巨大，这使我开心，同时也令我难过。”

阿曼西奥·奥尔特加认为，如果没有他的合作团队也就没有Inditex今天的成就：“我的成就是现在和过去所有合作者的共同成就。一个人不可能聪明、厉害、强大到足以独自创建一个这种规模的公司。许多人在这家公司奉献了一生。自始至终，是许多人一起共同成就了这块珍宝。”

那么奥尔特加对他的团队有什么要求？“第一是对将做之事怀有严肃的责任感，其他几样要求都是由它衍生出来的。一个人在表现出热切地想同我们一起工作的同时是否觉得自己口中的言语可信？我总在寻找适合公司、能领会我们的价值观的人。其中一个价值观是任何职位都必须快速贯彻我们的职责。”

这位ZARA的创始人在谈到始终保持专注的必要性时说：“如果你想干大事，自满是最糟糕的。不论是在我们刚起步的那几年，还是在我们的门店已遍布全球的今天，在公司里我们从不自满。盲目乐观是有害的。人应该一直怀有超越自我的渴望和不断批判的能力。我总认为如果想获得成功，我们得让公司每天都忙个底朝天。”

他认为勤奋和严格是日常工作应该遵守的两个前提：“我从一开始就全力以赴地工作，并执行最严格的要求。我从不对自己的工作结构感到满意，而且总想把这种态度传染给我身边的所有人。”

奥尔特加还谈到自己对于成长的热望：“当我还没有名气、一无所有时，总梦想着要长大。成长是一种生存机制；一家公司如果不能成长就会灭亡。即使到了七十多岁，我还是有同样的感觉——不能停止成长。”

为奥尔特加这种在Inditex日常工作中不断学习的热情做辩护的不止他自己一个人，Inditex现任总裁巴布罗·伊斯拉在提及他时也表示：“或许他没有学术背景，但从企业家的角度看，他的培训经历胜过任何人。他永远保持警觉，超越了直觉和常识。他多靠自学成才，凭的是一股不变的雄心。”

谦逊和善于倾听是奥尔特加身上的两个突出品质，这在一个竞争日渐激烈、圈子日渐缩小、领导者喜欢展示权威的行业里也许会使人惊奇。Inditex里也存在权威，但每个员工都得为自己的决定负责。

这台每年生产9亿件衣服的机器前途光明。这点是可预见的，特别是在数百万发展中国家人口的需求仍有待满足，这些国家越来越希望参与ZARA和Inditex集团旗下其余七个品牌的全球时装供应的情况下。

阿曼西奥·奥尔特加在Indtex实行的工作方式在他退出公司后是否仍行之有效，以ZARA为首的所有Inditex旗下的品牌是否能扛住诱惑、避免死于安乐，答案仍有待揭晓。

参考文献

［1］路易斯·阿隆索·阿尔瓦雷斯. 加利西亚经济1750年至2010年概述. 当代史，2011：15-66.

［2］夏别·R.布兰科，赫苏斯·萨尔加多：阿曼西奥·奥尔特加：白手起家创ZARA. LaEsferadelosLibros，2011年.

［3］庞卡杰·格马瓦特，何塞·路易斯·努艾诺. ZARA：快时尚——IESE商学院研究案例. 巴塞罗那，2003年.

［4］珍妮丝·H.哈蒙德，毛拉·G.凯利. 服装产业的快速反应. 波士顿：哈佛大学商学院出版社，1991年.

［5］古斯塔沃·费尔南德斯·巴尔布艾纳. Inditex成功的真正原因. www.comercioexterior.ub.es/tesina.

［6］Inditex年度报告. 2010年.

［7］Inditex年度报告. 2011年.

［8］科瓦东加·欧申. 阿曼西奥·奥尔特加是这样一个人. 马德里：LaEsferadelosLibros，2008年.